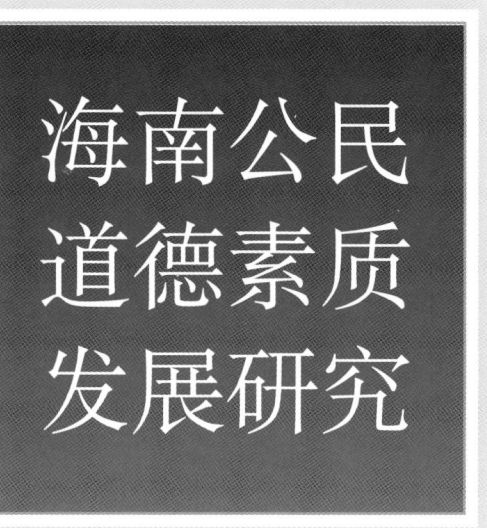

海南公民道德素质发展研究

李辽宁等 ◎ 著

中国社会科学出版社

图书在版编目(CIP)数据

海南公民道德素质发展研究 / 李辽宁等著. —北京：中国社会科学出版社，2017.12

ISBN 978-7-5203-1860-0

Ⅰ.①海… Ⅱ.①李… Ⅲ.①公民教育-社会公德教育-研究-海南 Ⅳ.①D648.3

中国版本图书馆 CIP 数据核字（2018）第 000219 号

出 版 人	赵剑英
责任编辑	任　明
责任校对	赵雪姣
责任印制	李寡寡

出　　版	中国社会科学出版社
社　　址	北京鼓楼西大街甲 158 号
邮　　编	100720
网　　址	http://www.csspw.cn
发 行 部	010-84083685
门 市 部	010-84029450
经　　销	新华书店及其他书店

印刷装订	北京君升印刷有限公司
版　　次	2017 年 12 月第 1 版
印　　次	2017 年 12 月第 1 次印刷

开　　本	710×1000　1/16
印　　张	14.75
插　　页	2
字　　数	211 千字
定　　价	75.00 元

凡购买中国社会科学出版社图书，如有质量问题请与本社营销中心联系调换
电话：010-84083683
版权所有　侵权必究

出征仪式

启动仪式

深入街道分发问卷

组员与环卫工进行访谈

深入机关进行访谈

深入商户进行访谈

分发问卷

组员碰头整理材料

指导老师与部分队员合影（一）

指导老师与部分队员合影（二）

序

　　加强社会主义思想道德建设，是国家文化软实力建设的重要内容，也是发展社会主义先进文化的中心环节，历来受到党中央的高度重视。2001年9月，中共中央印发了《公民道德建设实施纲要》，要求各地认真贯彻落实。2010年1月4日，国务院发布《国务院关于推进海南国际旅游岛建设发展的若干意见》指出：到2020年，将海南初步建成世界一流海岛休闲度假旅游胜地，使之成为开放之岛、绿色之岛、文明之岛、和谐之岛。要实现这个目标，关键在于人的素质的提升，特别是海南公民思想道德素质的提升。

　　2011年，为了解海南公民道德素质的状况，我们申请了海南省社科联课题"国际旅游岛建设与海南公民道德素质提升研究"，通过在全省范围内的问卷调查和现场采访，课题组完成了研究报告，并以此为基础，出版了《国际旅游岛建设与海南公民道德素质提升研究》一书。该书在2013年获得第四届海南省高等学校优秀科研成果二等奖，2014年获得第八届海南省社会科学优秀成果奖三等奖。

　　公民道德素质的提升不是一朝一夕的事情，在短期内不可能有太大的变化。但是我们想，以五年为一个周期，大致可以反映公民道德素质的变化状况。特别是近年来，海南省组织开展"文明大行动"活动，提出了将海南打造成为公共场合礼让有序、公共环境整洁有序、公共交通安全有序、旅游出行和谐有序、诚信经营文明有序的良好社会环境，实现公民文明素质的全面提升；海口和三亚也分别开展"双创"（创全国文明城市、创国家卫生城市）、"双城双修"（双城：海绵城市建设、综合管廊建设；双修：生态修复、城市修补）等文明创建活动，成效显著。经过几年的综合治理，海南公民素质确实得到比较明显的提升。为了对这种变化有比较全面的把握，2016年暑假，我们利用大学生暑期社会实践的契机，再次在全省范围内进行了问卷调查和实地采访。调查过程中，我们尽可能采用相同的问卷题目，只是就少数题目作了适当的调整。这也是为什么本书以"海南公民道德素质发展研究"为题的原因。在撰写报告的时候，也尽可能与上一次研究的数据进行对比，以期反映几年来海南公民在道德素质方面的变化。

此次暑期社会实践共分为三个组，分别从东线、中线和西线展开调研，行程覆盖了11个市县。带队老师有四位，分别为：邵鹏鸣（东线）、李辽宁（中线）、杨娜和陈招万（西线），参加学生共有18位，其中既有研究生，也有本科生。过程虽然比较辛苦，但是大家都很有收获，特别是对于学生来说，不仅亲身体验了海南各地的风情，开阔了视野，也锻炼了自己的能力。尤其让大家感到高兴和欣慰的是，在2016年全国暑期社会实践优秀团队评比中，该团队光荣上榜。

本书共包括四章内容：第一章是总报告；第二章是分报告；第三章是学生访谈记录与调研日记；第四章为调研过程中的随笔。这种安排与第一本书一致，目的在于真实地记录此次暑期社会实践的大致过程。我们想以后能够每隔五年就进行一次这样的调研，以便比较全面地记录自实施"海南国际旅游岛"国家战略以来，海南公民道德素质的发展情况。这种研究虽然显得比较"慢"（五年才出一本），但是从长远角度来看，也是了解海南公民道德素质状况的第一手资料。

是为序。

李辽宁
2017年2月于海口

目 录

第一章　总报告 …………………………………………………………（1）
　　一　研究设计 …………………………………………………………（1）
　　二　调查结果与分析 …………………………………………………（5）
　　三　当前海南公民道德素质存在的主要问题 ………………………（35）
　　四　提升海南公民道德素质的对策 …………………………………（37）

第二章　分报告 …………………………………………………………（40）
　分报告之一　海南公民的社会公德调查 ……………………………（40）
　　一　研究背景 …………………………………………………………（40）
　　二　海南公民社会公德现状 …………………………………………（41）
　　三　问题与原因分析 …………………………………………………（46）
　　四　对策建议 …………………………………………………………（52）

　分报告之二　海南青年德育现状及对策 ……………………………（55）
　　一　背景 ………………………………………………………………（55）
　　二　问卷设计 …………………………………………………………（56）
　　三　基本情况 …………………………………………………………（57）
　　四　原因分析 …………………………………………………………（63）
　　五　对策建议 …………………………………………………………（66）
　　六　结语 ………………………………………………………………（67）

　分报告之三　海南公民家庭道德发展状况分析 ……………………（68）
　　一　问卷设计 …………………………………………………………（69）

二　基本情况 …………………………………………… (70)
　　三　建议与对策 ………………………………………… (80)
分报告之四　海南公民职业道德状况调查 ………………… (84)
　　一　研究设计 …………………………………………… (84)
　　二　基本状况 …………………………………………… (85)
　　三　提升海南公民职业道德水平的对策 ……………… (95)
分报告之五　海南公众心中的道德模范状况调查与比较 … (103)
　　一　研究背景 …………………………………………… (104)
　　二　研究设计 …………………………………………… (104)
　　三　调查结果 …………………………………………… (105)
　　四　比较分析 …………………………………………… (110)
　　五　对策建议 …………………………………………… (113)
分报告之六　海南公民网络道德状况调查 ………………… (117)
　　一　研究背景 …………………………………………… (117)
　　二　研究设计 …………………………………………… (118)
　　三　调查结果 …………………………………………… (118)
　　四　存在的问题及原因分析 …………………………… (128)
　　五　对策及建议 ………………………………………… (131)

第三章　访谈记录与调研日记 …………………………… (134)
　　一　访谈记录（1—23号） ……………………………… (134)
　　二　调研日记 …………………………………………… (173)

第四章　随笔 ……………………………………………… (185)
　随笔之一　冠国际之名，与国际接轨，海南建设任重
　　　　　　　道远 ………………………………………… (185)
　随笔之二　浅谈"岛民"的道德特质与展望 …………… (187)
　随笔之三　海南公民道德素质调查感想 ………………… (191)
　随笔之四　教师是学生良好品行的引路人 ……………… (193)
　随笔之五　海南公民道德素质教育须从娃娃抓起 ……… (196)

随笔之六　海南公民道德素质调查随想 ……………………（198）

随笔之七　海南省公民道德素质建设仍然任重道远 ………（201）

随笔之八　建设美丽海南岛　关键在于海南人民群众 ……（203）

随笔之九　东线调研随笔 ……………………………………（205）

随笔之十　帮助他人可能就是帮助自己 ……………………（208）

随笔之十一　暑期社会实践调查随笔 ………………………（211）

随笔之十二　海南公民道德素质发展研究随笔 ……………（213）

随笔之十三　与人为善——主动为善 ………………………（216）

随笔之十四　暑期社会实践调研随笔 ………………………（217）

附录1　海南公民文明素质状况调查问卷（2011）…………（220）

附录2　海南省公民道德素质调查问卷（2016）……………（227）

第一章

总报告

一 研究设计

本报告采用定型研究与定量研究相结合的方式，主要采用的研究方法有：

（1）问卷调查法。调查者根据所在城市的距离、具体情况，确定调查的具体位置，如车站、街道、集市、小区、广场、机关等等。在调查过程中，调查员随机发放问卷，问卷调查所收集资料采用SPSS统计软件进行定量分析，下文中所列表格均通过了卡方检验（$P<0.05$），没有通过卡方检验的数据均不作讨论。

（2）访谈法。为了提高调查的效率，每两位调查员组成一个调查组，一人进行问卷调查，随后另一个位调查员对同一受访者进行访谈。访谈提纲由调研团队事先设计好，访谈过程中，先做问卷调查的调查员对访谈过程进行记录、录音和拍照，对某个样本完成问卷调查和访谈后，两位调查员及时整理。

（3）文献法。结合2011年的研究成果，在调查前期和后期针对此次调研涉及的相关情况进行文献资料的收集，通过对图书馆、网络以及政府部门相关文件的收集与分析，初步了解国内外公民道德素质建设的基本情况，特别是海南省公民道德素质建设的状况，为我们进行深入的调查研究做好准备。

其中，问卷调查法是本次研究所采用的主要方法，其具体执行情况如下：

①2016年7月，"海南省公民道德素质发展研究"课题组围绕海南公民的道德素质状况，在全省范围内开展了一次较为广泛的实证调

研。参加调查的成员有来自海南大学马克思主义学院的18位研究生和本科生，全程共计两个月。

②问卷设计。本研究中"公民道德素质"是核心概念，是指公民在道德认知、道德情感、道德意志、道德信念和道德行为等方面表现出来的综合水平，按照《公民道德建设实施纲要》关于道德基本内容的阐述，我们将此概念操作化为社会公德素质、职业道德素质、家庭道德素质等几个方面，增加了网络道德素质及公民对于社会主义核心价值观的认知和认同程度的调查。具体指标见下文分析。

根据此操作化维度，2016年6月底，课题组编制了海南省公民道德素质发展状况调查问卷，7月初开始实施调查，发放试调查问卷50份，课题组对调查问卷实用性、可信度和调查效果进行分析，根据受访者集中反映的某些问题，及时对问卷部分题目进行修改和完善，形成正式问卷。

正式问卷共分两个部分，第一部分是个人基本情况，共9个问题，主要用来了解受访者的性别、年龄、婚姻、居住地、受教育程度、职业政治面貌和收入。第二部分是具体调查内容，共23个问题，包括对八个方面的考察，一是受访者对当前海南公民道德素质状况的评价；二是社会公德；三是家庭道德；四是职业道德；五是网络道德；六是社会主义核心价值观；七是道德模范；八是海南公民道德素质建设。

③抽样方案。考虑到不同地理位置的居民其道德素质存在很大差异，本研究采用多段分层抽样的方式抽取调查样本。按地理方位的不同，分别在东南西北中五个方位抽取调查的城市，最后抽取北部同时作为省会的海口市，东部的文昌市、琼海市、陵水县，西部的儋州市、东方市、澄迈县，南部的三亚市和中部的屯昌县、琼中县进行问卷调查和访谈。

④问卷发放。根据地区人口数量，我们对以下10个地区问卷发放进行排序，共发放问卷1200份，回收有效问卷1150份，有效回收率为95.83%。各地区问卷发放具体情况见表1-1-1和表1-1-2。

表 1-1-1　　　　　　　　　2016 年调查问卷分布表

地点	发放数量（份）	回收有效问卷（份）	回收率（%）	占有效样本比例（%）
海口市	157	150	95.5	13.0
三亚市	155	150	96.8	13.0
儋州市	156	150	96.2	13.0
文昌市	104	100	96.2	8.7
琼海市	106	100	94.3	8.7
东方市	105	100	95.2	8.7
陵水县	103	100	97.1	8.7
澄迈县	104	100	96.2	8.7
屯昌县	105	100	95.2	8.7
琼中县	105	100	95.2	8.7

表 1-1-2　　　　　　　　　2011 年调查问卷分布表

地点	发放数量（份）	回收有效问卷（份）	回收率（%）	占有效样本比例（%）
海口市	370	350	94.59	35.0
琼海市	105	101	96.19	10.1
五指山市	105	101	96.19	10.1
儋州市	155	147	94.83	14.7
三亚市	260	251	96.53	25.1

调查对象基本情况见表 1-2-1 和表 1-2-2。

表 1-2-1　　　　　　　调查对象基本情况（2016 年）

变量		人数（人）	百分比（%）	变量		人数（人）	百分比（%）
性别	男	525	45.7	政治面貌	中共党员	149	13.0
	女	625	54.3		共青团员	395	34.3
居住地	城市（乡镇）	796	69.2		民主党派	27	2.3
	农村	354	30.8		无党派人士	579	50.3
婚姻	已婚	533	46.3	职业	党政机关人员	74	6.4
	未婚	605	52.6		教师	45	3.9
	离异	12	1.0		军人	11	1.0
年龄	18 岁以下	148	12.9		学生	259	22.5
	18—29 岁	551	47.9		个体户	258	22.4
	30—39 岁	251	21.8		工人	146	12.7
	40—49 岁	122	10.6		农民	95	8.3
	50—59 岁	60	5.2		其他职业人员	262	22.8
	60 岁以上	18	1.6				

表 1-2-2　　　　　　　调查对象基本情况（2011 年）

变量		人数（人）	百分比（%）	变量		人数（人）	百分比（%）
性别	男	584	58.4	政治面貌	中共党员	234	23.4
	女	416	41.6		共青团员	352	35.2
居住地	城市（乡镇）	785	78.5		民主党派	11	1.1
	农村	215	21.5		无党派人士	403	40.3
婚姻	已婚	452	45.2	职业	党政机关人员	127	12.7
	未婚	450	45.0		教师	71	7.1
	离异	8	8.0		军人	18	1.8
年龄	18 岁以下	68	6.8		学生	219	21.9
	18—29 岁	530	53.0		个体户	164	16.4
	30—39 岁	197	19.7		工人	118	11.8
	40—49 岁	138	13.8		农民	58	5.8
	50—59 岁	47	47.0		其他职业人员	225	22.5
	60 岁以上	20	2.0				

二 调查结果与分析

(一) 海南公民道德素质状况总体状况：半数以上受访者认为"一般"

据调查显示，当问及"您认为当前海南公民道德状况如何"时，39.1%的受访者认为当前海南公民道德素质状况"很好"和"比较好"，与2011年的调查数据（28.4%）相比满意度提升了10.7%；50.2%的受访者认为"一般"；另外10.7%的受访者认为"较差"和"很差"，而这一数据在2011年是20.3%。总体上看，受访者对当前海南公民道德素质状况评价比较好的比例近四成，评价较差的比例降至一成。由此可见，受访者对海南公民道德素质的总体满意度评价在过去的五年中有了很大的提升（见表1-3-1和表1-3-2）。通过进一步的访谈我们发现，经济社会的发展、收入水平的提高、社会环境的变化和各种思想文化观念的综合影响，是海南公民道德素质评价满意度提高的原因。同时，道德教育、制度规范和个体修养等也影响着公民道德素质的水平，海南文化传统的某些风俗习惯对公民道德素质也产生了很大影响，比如长期以来重男轻女的思想，海南独有的"老爸茶"文化现象等，都渗透在海南公民道德素质中。

表1-3-1 受访者对当前海南公民道德素质状况的评价（2016年）

态度	人数（人）	百分比（%）
很好	197	17.1
比较好	253	22.0
一般	577	50.2
较差	87	7.6
很差	36	3.1
合计	1150	100.0

表 1-3-2　受访者对当前海南公民道德素质状况的评价（2011 年）

态度	人数（人）	百分比（%）
很好	94	9.4
比较好	190	19.0
一般	513	51.3
较差	151	15.1
很差	52	5.2
合计	1000	100.0

通过对调查数据的相关性分析，我们发现：年龄因素对海南公民道德素质状况的评价差异较大。其中，满意度评价最低的是 18—29 岁的受访者（34.6%），其次是 30—39 岁的受访者（38.2%），相比较而言，满意度最高的是 50—59 岁和 60 岁以上的受访者（很好和比较好合计均为 50.0%）（见表 1-4-1 和表 1-4-2）。通过访谈发现，由于生活阅历的不同，受访者道德水平的认知存在明显差异。未成年人和 60 岁以上受访者评价较低，主要是前者处于接受学校教育阶段，没有多少社会阅历，对道德的期望值更高，因此他们对当前海南道德素质评价较低；后者经历了新中国成立以来公民道德状况的主要过程，他们对当前海南道德素质状况不满意。40—49 岁受访者经历了改革开放以来道德发展的全过程，特别是 2001 年《公民道德建设实施纲要》颁布以来，我国公民道德建设取得重大进步，因此，该年龄段受访者对海南公民道德素质状况评价较高。

表 1-4-1　　　　不同年龄段受访者对海南公民道德状况评价的相关性（%）（2016 年）

年龄	海南公民道德素质状况的评价					
	很好	比较好	一般	较差	很差	合计
18 岁以下	25.0	19.6	48.6	4.1	2.7	100.0
18—29 岁	14.5	20.1	53.5	8.0	3.8	100.0
30—39 岁	14.3	23.9	50.6	8.8	2.4	100.0

续表

年龄	海南公民道德素质状况的评价					
	很好	比较好	一般	较差	很差	合计
40—49 岁	21.3	26.2	39.3	9.0	4.1	100.0
50—59 岁	20.0	30.0	46.7	3.3	0	100.0
60 岁以上	33.3	16.7	38.9	11.1	0	100.0

表 1-4-2　　　　不同年龄段受访者对海南公民道德状况评价的相关性（%）（2011 年）

年龄	海南公民道德状况的评价					
	很好	比较好	一般	较差	很差	合计
18 岁以下	7.4	8.8	61.8	22.1	0	100.0
18—29 岁	8.1	14.9	54.0	16.8	6.2	100.0
30—39 岁	12.2	26.4	44.7	12.7	4.1	100.0
40—49 岁	13.8	26.8	44.2	10.9	4.3	100.0
50—59 岁	4.3	25.5	53.2	6.4	10.6	100.0
60 岁以上	5.0	20.0	55.0	20.0	0	100.0

调查发现，受访者的满意度与其收入水平呈正相关。满意度最低的是月收入在 500 元以下的群体（15.4%），明显低于平均水平（28.4%）。相对而言，满意度最高的是月收入在 4000—5000 元的群体（43.2%），高于平均水平 14.8 个百分点。由于一个人的收入水平在一定程度上可以影响一个人所占的社会资源和社会地位，也影响人们对社会问题的判断与评价，相比较而言，低收入者更多的是弱势群体，对社会境遇的不满情绪较多，对当前社会状况特别是公民道德素质状况较为不满。

受教育程度因素对海南公民道德素质状况的评价具有很强的负相关性，受教育程度越高，评价越低，这与 2011 年的调查结果是相一致的（见表 1-5-1 和表 1-5-2）。我们认为，受访者对于道德水平的判断可以分为两个层次：第一个层次是直接感知的行为规范层面，主要有社交礼仪、风俗习惯等方面;第二个层次是对社会整体精神风貌和人们内心深处的幸福感,属于精神追求的层次。受教育程度较低者更多的是从直接感知的行为规则层次判断道德状况,而受教育程度较高者更多的是从更深层次精神生活和幸福感层面判断道德状况。

在此次调查中,对海南当前公民道德素质状况的评价"很好"和"比较好",在受教育程度为"不识字或识字很少"和"小学"的公民中所占比例分别为50%和48.4%,而在2011年这一数据分别为16.7%和37.6%。可见,受教育程度较低的公民对海南公民道德素质的评价有了较大的提升。原因在于,近年来,政府对社会保障投入加大,社会保障体系的不断完善,人们生活水平的逐步提高,受访者开始注重追求更高的精神生活和幸福感。海南公民道德素质状况的不断提升,也在更好地适应更高层次的精神需求。

表1-5-1　　　不同受教育程度受访者与海南公民道德状况评价的相关性(%)(2016年)

受教育程度	很好	比较好	一般	较差	很差	合计
不识字或识字很少	50.0	0	26.7	16.7	6.7	100.0
小学	16.1	32.3	35.5	6.5	9.7	100.0
初中	16.8	16.4	59.9	3.4	3.4	100.0
高中、职高、中专	19.2	22.2	48.2	7.3	3.0	100.0
大专	13.7	26.3	46.3	11.7	2.0	100.0
本科	12.4	25.8	50.6	8.4	2.8	100.0
研究生	5.9	29.4	58.8	5.9	0	100.0

表1-5-2　　　不同受教育程度受访者与海南公民道德状况评价的相关性(%)(2011年)

受教育程度	很好	比较好	一般	较差	很差	合计
不识字或识字很少	16.7	0	16.7	33.3	33.3	100.0
小学	6.3	31.3	31.3	25.0	6.3	100.0

续表

受教育程度	海南公民道德状况					合计
	很好	比较好	一般	较差	很差	
初中	17.3	15.6	54.3	8.7	4.0	100.0
高中、职高、中专	11.5	16.6	51.3	14.0	6.7	100.0
大专	7.8	20.4	53.4	15.0	3.4	100.0
本科	3.3	24.1	49.8	18.3	4.6	100.0
研究生	3.6	3.6	60.7	25.0	7.1	100.0

（二）社会公德

社会公德是社会主义道德建设的基础。社会公德是社会公共生活的道德准则，是全体公民在社会交往和公共生活中应遵循的基本行为准则，它涵盖了人与人、人与社会、人与自然之间的关系。一个人社会公德意识的强弱，也在一定程度上反映其精神境界和思想道德水平。

本部分我们设计了三个问题，分别针对社会公德的认知层面、行动层面和评价层面。这些问题与2011年调查问卷问题相同，即"您认为当前社会公德最重要的内容是什么"，"遇到有人遭抢劫，您会怎么办"，"您认为公民对待公共设施的爱护程度怎样"。

1. 总体认知：超过半数的人认为"在公共场所遵守秩序"最重要

数据显示：在"您认为在当前的社会公德中哪一方面最重要？"选项中，超过一半（54.1%）的受访者选择了"在公共场所遵守秩序"，18.3%的受访者选择了"讲究公共卫生"，9.9%的受访者选择了"为他人提供方便"，11.8%的受访者选择了"不影响他人"，4.6%的受访者选择了"爱护公物"（见表1-6-2和表1-6-2）。对比2011年的数据我们发现，认为"在公共场所遵守秩序"最重要的比例上升了9.1%，由此可以看出，公共场所的秩序问题仍然是公民最重视的，这从侧面揭示了当前海南公众在公共场所遵守秩序方面的不足仍然存在，甚至比2011年有更大的诉求。我们在走访中了解到，公众普遍认为岛民在公共场所遵守秩序方面存在很大问题，尤其是在遵守交通秩序方面。受访者普遍认为海南公民在遵守交通规则方面意识很差，行人横穿马路、闯红灯、翻栏杆现象比比皆是，摩托车、电动车占机动车道横冲直撞者随处可见，由此导致的车祸新闻频频见诸报端。不过近年来，海口"双创"工作取得明显成效，违反交通规则的行为有较大好转。

表 1-6-1　　　　　公民对当前的社会公德中
哪一方面最重要的内容的看法（2016年）

内容	人数（人）	百分比（%）
在公共场所遵守秩序	622	54.1
为他人提供方便	114	9.9
不影响他人	136	11.8
讲究公共卫生	210	18.3
爱护公物	53	4.6
其他	15	1.3
合计	1150	100.0

表 1-6-2　　　　　公民对当前的社会公德中
哪一方面最重要的内容的看法（2011年）

内容	人数（人）	百分比（%）
在公共场所遵守秩序	450	45.0
为他人提供方便	147	14.7
不影响他人	101	10.1
讲究公共卫生	148	14.8
爱护公物	68	6.8
说不清	58	5.8
其他	28	2.8
合计	1000	100.0

对调查数据的相关性分析表明：不同受教育程度受访者对这一问题的认识存在较大差异。其中，高学历者选择"在公共场所遵守秩序"是社会公德最重要内容的比例多，占该人群受访者的半数以上。同时我们发现，与2011年的调查结果相一致，无论受教育程度高低，公众普遍认为在公共场所遵守秩序是社会公德中最重要的内容（见表1-7-1和表1-7-2）。不同职业的受访者对这一问题的认识存在一定差异。党政机关人员、教师、学生三个群体受访者选择"在公共场所遵守秩序"的比例都大于45%，其中教师选择的比例最高为62.2%（见表1-8-1和表1-8-2）。遵守公共场所秩序作为公民的一项非法律义务，基于当前的社会公德状况，需要我们每一个公民从文明道德的角度去要求和规范自身的行为，去遵守和维护社会秩序。

数据表明，不同政治面貌的受访者对这一问题的认识存在一定差异，共青团员和中共党员选择"在公共场所遵守秩序"的比例最高，分别为61.0%和57%，明显高于其他群体（其他党派人士51.9%和无党派人士48.7%）（见表1-9-1和表1-9-2）。从调查数据中可以看出，尽管有着不同的政治面貌，但是在对于"公共场所遵守秩序"的问题上的要求都比较高，趋于一致。

表1-7-1　　不同受教育程度受访者对当前的社会公德中
哪一方面最重要的内容的看法（%）（2016年）

受教育程度	在公共场所遵守秩序	为他人提供方便	不影响他人	讲究公共卫生	爱护公物	其他	合计
不识字或识字很少	50.0	10.0	16.7	10.0	13.3	0	100.0
小学	22.6	19.4	19.4	35.5	3.2	0	100.0
初中	43.9	10.7	15.6	21.8	6.5	1.5	100.0
高中、职高、中专	55.7	7.3	8.9	22.0	4.2	1.9	100.0
大专	62.4	12.7	10.2	11.7	2.4	0.5	100.0
本科	61.2	10.1	13.5	10.1	3.9	1.1	100.0
研究生	58.8	11.8	5.9	17.6	5.9	0	100.0

表 1-7-2　　　不同受教育程度受访者对当前的社会公德中
哪一方面最重要的内容的看法（%）（2011 年）

受教育程度	在公共场所遵守秩序	为他人提供方便	不影响他人	讲究公共卫生	爱护公物	说不清	其他	合计
不识字或识字很少	33.3	16.7	16.7	16.7	0	16.7	0	100.0
小学	25.0	15.6	3.1	37.5	12.5	6.3	0	100.0
初中	37.6	15.0	6.4	15.6	10.4	11.0	4.0	100.0
高中、职高、中专	38.9	16.9	9.6	18.8	7.0	7.0	1.9	100.0
大专	51.9	14.1	11.2	11.2	6.8	2.9	1.9	100.0
本科	54.8	12.9	12.0	10.4	3.7	2.9	3.3	100.0
研究生	50.0	7.1	21.4	3.6	3.6	3.6	10.7	100.0

表 1-8-1　　　不同职业受访者对当前的社会公德中
哪一方面最重要的内容的看法（%）（2016 年）

职业	在公共场所遵守秩序	为他人提供方便	不影响他人	讲究公共卫生	爱护公物	其他	合计
党政机关人员	56.8	21.6	8.1	9.5	2.7	1.4	100.0
教师	62.2	8.9	6.7	8.9	13.3	0	100.0
军人	45.5	18.2	9.1	27.3	0	0	100.0
学生	56.8	7.7	12.0	15.8	6.9	0.8	100.0
个体户	51.2	10.9	13.2	19.8	4.3	0.8	100.0
工人	43.8	14.4	14.4	24.7	2.1	0.7	100.0
农民	47.4	8.4	17.9	17.9	6.3	2.1	100.0
其他职业人员	60.7	5.7	8.8	19.5	2.7	2.7	100.0

表1-8-2 　　　　不同职业受访者对当前的社会公德中
哪一方面最重要的内容的看法（%）（2011年）

职业	社会公德最重要的内容的态度							合计
	在公共场所遵守秩序	为他人提供方便	不影响他人	讲究公共卫生	爱护公物	说不清	其他	
党政机关人员	63.0	15.7	7.9	5.5	2.4	3.1	2.4	100.0
教师	56.3	12.7	7.0	11.3	8.5	0	4.2	100.0
军人	44.4	11.1	5.6	22.2	5.6	0	11.1	100.0
学生	48.4	12.8	12.8	14.6	4.6	5.0	1.8	100.0
个体户	39.6	18.9	9.8	13.4	11.0	6.1	1.2	100.0
工人	39.8	15.3	10.2	9.3	7.6	13.6	4.2	100.0
农民	31.0	15.5	12.1	17.2	15.5	8.6	0	100.0
其他职业人员	38.2	13.3	9.8	24.0	5.3	5.3	4.0	100.0

表1-9-1 　　　　不同职业受访者对当前的社会公德中
哪一方面最重要的内容的看法（%）（2016年）

政治面貌	您认为社会公德最重要的内容是什么？						合计
	在公共场所遵守秩序	为他人提供方便	不影响他人	讲究公共卫生	爱护公物	其他	
中共党员	57.0	7.4	11.4	18.1	5.4	0.7	100.0
共青团员	61.0	8.4	10.1	17.7	2.3	0.5	100.0
其他党派人士	51.9	14.8	11.1	14.8	7.4	0	100.0
无党派人士	48.7	11.4	13.1	18.8	5.9	2.1	100.0

表1-9-2 　　　　不同职业受访者对当前的社会公德中
哪一方面最重要的内容的看法（%）（2011年）

政治面貌	您认为社会公德最重要的内容是什么？							合计
	在公共场所遵守秩序	为他人提供方便	不影响他人	讲究公共卫生	爱护公物	说不清	其他	
中共党员	57.7	9.8	8.5	9.8	5.6	3.4	5.1	100.0
共青团员	44.0	16.8	10.5	15.9	6.8	5.1	0.9	100.0
其他党派人士	36.4	27.3	9.1	9.1	9.1	9.1	0	100.0
无党派人士	38.7	15.4	10.7	16.9	7.4	7.7	3.2	100.0

2. 遭遇抢劫：法律意识进一步增强

总体评价。调查显示：当问及"遇到有人遭到抢劫，您怎么办"时，大部分（69.2%）受访者选择了"报警"，与2011年相比略有提升（66.6%），显示受访者的法制意识进一步增强。有12.4%的受访者选择了"先看周围人怎么再作决定"，相比2011年（10.7%）上升了1.7%，公民从众心理更为严重（见表1-10-1和表1-10-2）。也从侧面说明了公众在面对危险时的行为选择更趋理性，自我保护和法治意识也逐步加强。还有3.9%的受访者选择了"多一事不如少一事，不管"，比2011年（2.0%）有所提高。

表1-10-1 公民对"遇到有人遭抢劫，您怎么办"的选择（2016年）

内容	人数（人）	百分比（%）
挺身而出	166	14.4
先看周围人怎么做再作决定	143	12.4
报警	796	69.2
多一事不如少一事，不管	45	3.9
合计	1150	100.0

表1-10-2 公民对"遇到有人遭抢劫，您怎么办"的选择（2011年）

内容	人数（人）	百分比（%）
挺身而出	178	17.8
先看周围人怎么做再作决定	107	10.7
报警	666	66.6
多一事不如少一事，不管	20	2.0
不知道	29	2.9
合计	1000	100.0

通过对调查数据的相关性分析，我们发现：女性选择"报警"比

男性更高,其中男性为59.2%,女性为77.6%。由于男女之间的生理、性格、社会分工和角色的差异有关系,男性选择"挺身而出"的比例(22.9%)依旧明显高于女性(7.4%)(见表1-11)。在其他选项上,男性和女性的差异并不明显,较2011年的数据无太大差异。但是不论男女,从众心理、消极心态和道德评判困惑都依旧存在,这些问题仍然需要社会的教育和引导,逐渐增强公众的法治意识和社会责任感。

表1-11 性别与"遇到有人遭抢劫,您怎么办"的选择的相关性(%)

年份	性别	挺身而出	先看周围人怎么做再作决定	报警	多一事不如少一事,不管	不知道	合计
2016年	男	22.9	13.9	59.2	4.0	0	100.0
	女	7.4	11.2	77.6	3.8	0	100.0
2011年	男	24.3	10.8	60.3	1.9	2.7	100.0
	女	8.7	10.6	75.5	2.2	3.1	100.0

对比2011年的数据发现,不同受教育程度的群体选择"报警"的比例有很大的提高(见表1-12),如"不识字或识字很少",受访者此次选择"报警"的比例为56.7%,在2011年这一比例为33.3%。受教育程度因素与选择"挺身而出"有一定的相关性,相比之下,"不识字或识字很少"受访者群体选择"挺身而出"的比例仍然最高(16.7%),但比2011年(33.3%)的比例下降了16.6%;"研究生"受访者群体选择"挺身而出"的比例最低5.9%,而在"研究生"受访群体中没有选择此项"多一事不如少一事,不管"。可见,随着国家法治体系的完善和法律知识的宣传普及,公民法律意识有了很大提高;"研究生"选择"挺身而出"的比例最低,主要是因为受教育程度越高,其自我保护意识越强,从另一方面可以看出高学历群体较其他群体有更强的社会责任感。

表 1-12　不同教育程度群体对"遇到有人遭抢劫"的行为选择（%）

受教育程度	挺身而出	先看周围人怎么做再作决定	报警	多一事不如少一事，不管	合计
不识字或识字很少	16.7	20.0	56.7	6.7	100.0
小学	9.7	6.5	74.2	9.7	100.0
初中	14.5	11.1	71.4	3.1	100.0
高中、职高、中专	15.0	13.8	66.0	5.2	100.0
大专	14.1	11.2	72.2	2.4	100.0
本科	14.6	11.8	70.8	2.8	100.0
研究生	5.9	17.6	76.5	0	100.0

3. 公共设施：约四成公民不够爱护，但公民的维护意识逐步提高

公共设施是指由政府或其他社会组织提供的、属于社会公众使用或享用的公共建筑或设备。公众对公共设施的态度直接体现出公民的社会公德状况。

总体评价：调查数据显示，当问及"您认为市民对待诸如公用电话、健身器材等公共设施的态度怎么样"时，46.7%的受访者选择"很爱护"和"比较爱护"，39.0%的受访者选择了"不太爱护"和"很不爱护"，这两项比例相差了7.7%。在2011年这两项比例分别为52.0%、48.0%，相差4.0%（见表1-13）。可以看出，公民对待公共设施的维护意识开始增强。从对待公共设施的态度情况可以充分看出，广大市民的社会文明程度与当前社会发展对公民道德素质的要求还有很大不足。

表 1-13　　　　　　　市民对公共设施的态度

内容	2016年 人数（人）	2016年 百分比（%）	2011年 人数（人）	2011年 百分比（%）
很爱护	214	18.6	192	19.2
比较爱护	323	28.1	328	32.8
不太爱护	370	32.2	408	40.8
很不爱护	78	6.8	72	7.2
不清楚	165	14.3	0	0
合计	1150	100.0	1000	100.0

通过对调查数据的相关性分析可知，年龄因素与公共设施的评价存在一定的相关关系，年龄越大，爱护公共设施的评价相对越高（见表1-14）。受教育程度因素与公民爱护公共设施的满意度呈现出一定的负相关性，受教育程度越高，满意度越低，这与2011年的调查结果是相一致的（见表1-15）。

表1-14　不同年龄段公民对公共设施"很爱护、比较爱护"态度的相关性（%）

年龄	2016年 很爱护、比较爱护	2011年 很爱护、比较爱护
18岁以下	46.6	45.6
18—29岁	41.4	46.9
30—39岁	44.6	53.3
40—49岁	62.3	66.7
50—59岁	75.0	61.7
60岁以上	38.9	70.0

表1-15　不同受教育程度与市民对公共设施"很爱护、比较爱护"态度的相关性（%）

受教育程度	2016年 很爱护、比较爱护	2011年 很爱护、比较爱护
不识字或识字很少	60.0	16.7
小学	48.4	65.7
初中	55.0	65.3
高中、职高、中专	45.0	57.3
大专	42.4	53.4
本科	42.1	36.5
研究生	35.3	25.0

（三）职业道德

职业道德是人们在履行本职工作中所遵循的行为准则和规范的总和。它是社会上占主导地位的道德或阶级道德在职业生活中的具体体现,既是对本职人员在职业活动中行为的要求,同时又是职业对社会所负的道德责任。

本部分设计了几个与职业道德相关的问题:一是个人利益与集体利益发生冲突时的选择;二是对社会诚信的看法;三是对政府办公人员的评价。在这里,我们借鉴道德调查数据中关于公民对"您认为周围的人是如何对待工作的"的满意度评价,调查结果如表1-16所示。

表1-16 公民对"您认为周围的人是如何对待工作的?"的态度评价(%)

态度评价	2016年 百分比(%)	2011年 百分比(%)
忠于职守,爱岗敬业	30.3	77.4
完成分内工作	43.5	17.0
敷衍了事,得过且过	15.6	0.8
只为挣钱,不为其他	9.6	3.2
其他	1.0	1.6
合计	100.0	100.0

1. 总体情况:大部分受访者对职业道德持肯定的态度,但对周围的人的职业道德的美誉度评价大幅度下降

调查数据显示,在问及"您认为周围的人是如何对待工作的"时,认为周围的人"忠于职守,爱岗敬业"的受访者不到1/3,而这项数据在2011年是77.4%,可见五年过去了,受访者对周围人职业道德的美誉度评价大幅度降低。43.5%的受访者选择了中性的评价,认为是"完成分内工作",与2011年(17.0%)数据相比较,上升了26.5%。选择"敷衍"的有15.6%,比2011年(0.8%)上升了14.8%。同时我们也注意到,还有9.6%的受访者认为"只为挣钱,不为其他",这一比例比2011年(3.2%)高了三倍。这些问题值得我们关注(见表1-16)。这说明当前海南公民职业道德的整体状况虽然总体上是积极向上的,但正面评价比五年前大幅度降低。负面的评价比2011年增加了不少,相当一部分受访者认为,他们对海南职业道德状况表示担忧,总体上看职业道德状况正在下滑,其中的深层次

原因值得探究。

2. 关于个人与集体的关系：集体主义原则被大多数民众所认可，同时个人利益也受到关注

集体主义作为公民道德建设的原则，是社会主义经济、政治和文化建设的必然要求。在社会主义社会，人民当家做主，国家利益、集体利益和个人利益根本上一致，集体主义成为调节三者利益关系的重要原则。在实际生活中，集体利益和个人利益发生矛盾和冲突的情况是经常发生的。如何处理集体利益与个人利益之间的关系是反映公民职业道德的重要指标。

调查结果显示，在问及"在个人利益与集体利益发生冲突时，您认为怎么办"时，超过一半（68.9%）的受访者选择"先考虑集体利益再考虑个人利益"，在2011年这项调查数据为55.6%，提升了13.3%。此外，还有14.8%的受访者选择"无条件服从集体利益"，2011年的数据是17.4%。可以看出，公民的集体主义意识在加深。近几年，智能手机普及，信息化高速发展，公民容易面对各种社会思潮的冲击，这在一定程度上给思想领域各方面带来了影响。即使在各种社会思潮的影响下，集体主义依然是绝大部分民众所认同的价值取向和道德标准。正是在这种道德取向的指导下，我国经济社会高速发展的同时，基本保持了人们道德素质的相对稳定和积极进取、奋发向上的社会道德风尚。同时，应注意到，有13.0%的受访者选择"先考虑个人利益再考虑集体利益"，比2011年（10.5%）的调查结果高了2.5%。3.4%的受访者表示"不管如何，先考虑个人利益"，这也说明公民的主体意识受到关注（见表1-17）。

表1-17 公民"在个人利益与集体利益发生冲突时，您认为怎么办"的行为选择

行为选择	2016年 人数（人）	2016年 百分比（%）	2011年 人数（人）	2011年 百分比（%）
无条件服从集体利益	170	14.8	174	17.4

续表

行为选择	2016年 人数（人）	2016年 百分比（%）	2011年 人数（人）	2011年 百分比（%）
先考虑集体利益再考虑个人利益	792	68.9	556	55.6
先考虑个人利益再考虑集体利益	149	13.0	105	10.5
不管如何，先考虑个人利益	39	3.4	20	2.0
说不清	0	0	145	14.5
合计	1150	100.0	1000	100.0

3. 关于社会诚信：满意程度为一般的近五成，总体情况堪忧

社会诚信是指在整个社会生活中逐渐形成的诚实守信的社会风气，是"诚实守信"的美德在社会领域的体现。社会诚信的形成，不仅包括个人诚信，还包括在社会生活中被广泛认可的道德及规则。孔子曰："言必信，行必果"；孟子云："诚者，天之道也；思诚者，人之道也。"古往今来，诚信一直都是中华民族的崇高追求。故而有"民无信则不立，商无信则不兴，国无信则不威"的说法。

调查显示，在问及"您对当前海南社会诚信状况怎么评价"时，将近一半（49.8%）的受访者选择"一般"，选择"很满意"（5.8%）和"满意"（22.3%）的总和为28.1%，比2011年（23.7%）略有提升；"不太满意"者占11.7%，另有7.1%的受访者选择"不满意"，两项合计为18.8%（见表1-18）。

表1-18 "您对当前海南社会诚信状况怎么评价"的态度

态度	2016年 人数（人）	2016年 百分比（%）	2011年 人数（人）	2011年 百分比（%）
很满意	67	5.8	52	5.2
满意	257	22.3	185	18.5
一般	573	49.8	497	49.7

续表

态度	2016年 人数（人）	百分比（%）	2011年 人数（人）	百分比（%）
不太满意	135	11.7	150	15.0
不满意	82	7.1	91	9.1
说不清	36	3.1	25	2.5

从调查数据可以看出，只有28.1%的受访者对当前海南社会诚信状况表示满意，这是一个值得我们严重关注的问题，说明当前海南诚信状况仍然令人担忧。在进一步的访谈中我们了解到，造成当前海南社会的诚信危机主要有以下原因：一是贪污腐败现象依然存在，导致政府公信力下降。随着近年来政府反腐的力度加大，相信这种状况将会逐渐改善。二是在市场交易中信用缺失现象严重，假冒伪劣商品、虚假广告、商业欺诈等严重影响市场秩序。三是人与人之间交往的不诚信损害了人际关系的和谐，致使人情淡薄。

4. 公众对政府工作人员的办事态度和效率的评价：满意度只有三成，总体情况堪忧

建设服务型政府是我国政府职能转变的重要举措，也是党和政府全心全意为人民服务宗旨的鲜明体现。政府工作人员的办事态度和办事效率直接体现了其职业形象和职业素养，也体现了他们的职业道德状况。

表1-19 "您对政府工作人员办事态度怎么评价"的态度

态度	2016年 人数（人）	百分比（%）	2011年 人数（人）	百分比（%）
很满意	70	6.1	53	5.3
满意	278	24.2	203	20.3
一般	537	46.7	452	45.2
不太满意	116	10.1	156	15.6
不满意	113	9.8	84	8.4
说不清	36	3.1	52	5.2

调查显示，当问及"您对政府工作人员办事态度怎么评价"时，受访者对政府公务人员的办事态度的评价普遍偏低，表示"很满意"和"满意"的为30.3%，比2011年的满意度（25.6%）略高出4.7%，对政府公务人员办事态度的满意度情况仍然堪忧。表示"不太满意"和"不满意"的受访者约占19.9%，比2011年（24.0%）降低4.1%（见表1-19），可以看出，公民对政府公务人员办事态度的评价有所改善。进一步分析表明，党政机关人员对政府办事态度的评价满意度最高（47.3%），不满意度仅为12.2%，满意度最低的是其他群体（23.6%）；不满意度最高的是其他群体（26.0%），其次是工人（22.6%）。可以看出，党政机关人员对政府部门的工作总体评价相对最高，其他人员最低。在生活中，其他职业人员和政府直接打交道的机会并不多，他们对于政府的了解和评价大多是基于平时媒体的报道或者他人关于政府机关办事态度的直接评价。可见，加强对政府机关的正面宣传非常重要，这样的信息获取直接影响了受访者对政府机关的评价（见表1-20-1和表1-20-2）。

表1-20-1　　　　职业与公民对政府的办事态度评价的相关性（%）（2016年）

职业	很满意	满意	一般	不太满意	不满意	说不清	合计
党政机关人员	18.9	28.4	40.5	6.8	5.4	0	100.0
教师	4.4	31.1	48.9	6.7	8.9	0	100.0
军人	0	36.4	45.5	0	9.1	9.1	100.0
学生	6.6	24.7	47.9	10.4	7.7	2.7	100.0
个体户	4.3	26.4	49.2	5.4	11.2	3.5	100.0
工人	4.8	21.9	48.6	13.0	9.6	2.1	100.0
农民	9.5	24.2	40.0	8.4	13.7	4.2	100.0
其他	3.8	19.8	45.8	15.3	10.7	4.6	100.0

表 1-20-2 职业与公民对政府的办事态度评价的相关性（%）（2011 年）

职业	很满意	满意	一般	不太满意	不满意	说不清	合计
党政机关人员	7.1	36.2	37.0	10.2	7.1	2.4	100.0
教师	4.2	23.9	52.1	9.9	2.8	7.0	100.0
军人	16.7	16.7	38.9	27.8	0	0	100.0
学生	2.7	16.4	47.0	21.0	8.7	4.1	100.0
个体户	5.5	24.4	38.4	15.9	11.0	4.9	100.0
工人	5.9	17.8	48.3	12.7	9.3	5.9	100.0
农民	12.1	19.0	48.3	8.6	5.2	6.9	100.0
其他	4.0	12.9	48.9	17.3	9.8	7.1	100.0

相关性分析表明，中共党员对政府办事态度的评价满意度相对最高（38.3%），不满意度为 20.2%；满意度最低的是共青团员（26.6%）。可以看出，中共党员对政府部门的工作总体评价相对最高。这一数据与此两职业的评价结果是一致的：机关工作人员相当一部分是中共党员（见表 1-21）。

表 1-21 政治面貌与公民对政府的办事态度评价的相关性（%）

年份	政治面貌	很满意	满意	一般	不太满意	不满意	说不清	合计
2016 年	中共党员	10.1	28.2	40.9	12.8	7.4	0.7	100.0
	共青团员	5.3	21.3	50.6	10.9	9.1	2.8	100.0
	其他党派人士	11.1	22.2	40.7	3.7	7.4	14.8	100.0
	无党派人士	5.4	25.2	45.8	9.2	11.1	3.5	100.0
2011 年	中共党员	7.3	26.9	46.6	12.8	5.1	1.3	100.0
	共青团员	4.8	16.5	42.9	21.9	8.2	5.7	100.0
	其他党派人士	9.1	18.2	54.5	0	9.1	9.1	100.0
	无党派人士	4.5	19.9	46.2	12.2	10.4	6.9	100.0

从受访者的收入状况来看，月收入 500—1000 元的受访者对政府

办事态度的评价满意度最高（36.0%），满意度最低的是月收入2001—3000元的受访者（21.1%）；不满意度最高的是月收入8000元以上的受访者（27.0%），其次是月收入2001—3000元的受访者（24.1%）。可以看出，收入中等偏下和收入最高的受访者对政府部门办事态度的评价都很低，这种情况需要引起高度重视（见表1-22-1）。2011年的调查结果是月收入4000—5000元的受访者对政府办事态度评价最高，收入500元以下的受访者评价最低，从中可以看出，低收入人群对政府办事态度的满意程度有了较大提升（见表1-22-2）。

表1-22-1　月收入与公民对政府的办事态度评价的相关性（%）（2016年）

月收入	很满意	满意	一般	不太满意	不满意	说不清	合计
500元以下	8.8	25.8	47.7	6.5	9.2	1.9	100.0
500—1000元	7.9	28.1	40.4	12.4	7.9	3.4	100.0
1001—2000元	6.3	21.7	47.4	10.3	9.9	4.3	100.0
2001—3000元	3.4	17.7	51.2	16.7	7.4	3.4	100.0
3001—4000元	4.7	29.3	40.0	10.0	12.0	4.0	100.0
4001—5000元	8.5	25.5	46.8	4.3	13.8	1.1	100.0
5001—8000元	3.1	28.1	50.0	10.9	4.7	3.1	100.0
8000元以上	0	24.3	45.9	5.4	21.6	2.7	100.0

表1-22-2　月收入与公民对政府办事态度评价的相关性（%）（2011年）

月收入	很满意	满意	一般	不太满意	不满意	说不清	合计
500元以下	2.1	17.5	42.3	20.6	10.8	6.7	100.0
500—1000元	5.5	23.0	47.5	12.0	7.5	4.5	100.0
1000—2000元	6.4	16.2	48.1	15.4	7.9	6.0	100.0
2000—3000元	6.7	27.4	41.5	11.0	9.1	4.3	100.0
3000—4000元	2.4	18.1	51.8	19.3	3.6	4.8	100.0
4000—5000元	5.4	37.8	45.9	5.4	5.4	0	100.0
5000元以上	10.7	10.7	33.9	26.8	12.5	5.4	100.0

通过访谈发现，受访者对当前政府机关工作人员态度和效率的评价不高，主要是对机关工作人员对待群众的态度和工作作风不满。公众对当前海南政府机关工作人员工作态度和效率的满意程度普遍偏低，而政府机关工作人员对自身的评价远高于其他群体的评价，这只能说明民众对政府机关的工作状况要么不了解，需要大力宣传；要么机关工作人员评价脱离实际，自我感觉良好。

(四) 家庭美德

家庭是社会的基本单元，是个体接受道德教育最早的地方。家庭美德是每个公民在家庭生活中应该遵循的基本行为准则，它涵盖了夫妻、长幼、邻里之间的关系。家庭的一个重要功能就是为人的社会化创造最基本的条件。我们每个人都出生在一定的家庭，并在家庭中成长，家庭还发挥着个人走向社会的中介作用。个人生活的幸福与否，不仅与社会环境、个人取得的成就等因素相关，还与是否拥有一个和睦、温馨的家庭密切相关。本部分主要考察两个问题，一是对家庭美德的认知；二是对家庭美德中处理代际关系最为重要的"孝"理念的认识和评价。为此，我们设计了两个问题：一是"您认为在有关家庭的道德中，最重要的一点是什么？"二是"您认为当前关于孝哪一项最重要？"

1. 公众对家庭道德的认知：尊重长辈最重要

调查显示，当问及"您认为在有关家庭的道德中，最重要的一点是什么"时，比例最高的是"尊重长辈"（51.0%）；其次是"夫妻和睦"（25.0%）；另有16.4%的受访者选择"关心爱护后代"；5.7%的受访者选择了"邻里和睦"。这与2011年的调查结果是相一致的，可见在家庭道德内容的认知上，"尊敬长辈"的传统家庭伦理观仍然是人们坚持的核心。同时，"夫妻和睦"和"关心后代"还是普遍受到关注（见表1-23-1和表1-23-2）。在家庭道德的认知问题上，人们在选择各自关心的问题的同时，也反映出当前社会突出的亟待解决的问题。

表 1-23-1　　　公民对"您认为在有关家庭的道德中，
最重要的一点是什么"的态度（2016 年）

态度	人数（人）	百分比（%）
关心爱护后代	189	16.4
夫妻和睦	287	25.0
尊重长辈	587	51.0
邻里和睦	66	5.7
其他	21	1.8
合计	1150	100.0

表 1-23-2　　　公民对"您认为在有关家庭的道德中，
最重要的一点是什么"的态度（2011 年）

态度	人数（人）	百分比（%）
关心爱护后代	135	13.5
夫妻和睦	303	30.3
尊重长辈	425	42.5
邻里和睦	79	7.9
其他	32	3.2
说不清	26	2.6
合计	1000	100.0

通过对调查数据的相关性分析，我们发现：就婚姻状况而言，已婚、未婚、离异的三个群体都认为"尊重长辈"是最重要的家庭道德，比例分别为 43.3%、58.0% 和 41.7%。就"夫妻和睦"这一项而言，已婚的受访者选择比例最高（29.8%），其次是未婚的受访者（20.8%）；离异受访者中选择"尊重长辈"最重要的比例最高（41.7%），其次是"邻里和睦"（25.0%）（见表 1-24）。而 2011 年的调查结果，没有一个群体把"邻里和睦"作为重要的家庭道德看待，这个问题值得我们关注。总的来说，不论处于什么样的婚姻状况，"尊重长辈"都被认为是最重要的家庭道德，而婚姻状况对一个人的家庭道德观的影响是不可忽视的，组建家庭

后才更加认识到夫妻和睦的重要性,认识到自己有责任去关心爱护后代,培养他们成长成才。

表 1-24　　婚姻状况与家庭道德评价状况(2016 年)

婚姻状况	您认为在有关家庭的道德中,最重要的一点是什么?					合计
	关心爱护后代	夫妻和睦	尊重长辈	邻里和睦	其他	
已婚	21.0	29.8	43.3	4.5	1.4	100.0
未婚	12.4	20.8	58.0	6.4	2.4	100.0
离异	16.7	16.6	41.7	25.0	0	100.0

不同年龄段受访者在选择"尊重长辈"选项上,调查数据呈现一定的相关性,年龄小的人群比例相对高,18 岁以下的受访者比例为 56.1%,18—29 岁受访者比例为 56.6%。在认为"夫妻和睦"最重要的选项中,老年人选择的比例最高为 33.3%,而在 2011 年的调查结果中这一选项比例最高的是 40—49 岁的受访者(42.8%)。在"关心爱护后代"的选项中,调查数据呈现明显的线性相关,随着年龄增大,选择的比例逐渐增高,60 岁以上的受访者比例最高,为 50.0%(见表 1-25)。这与 2011 年的调查结果是相一致的,长辈对晚辈的成长都寄予很高的期望,因此也会给予晚辈更多的关爱。

表 1-25　　年龄与最重要家庭道德选择相关性(%)(2016)

年龄	您认为在有关家庭的道德中,最重要的一点是什么?					总计
	关心爱护后代	夫妻和睦	尊重长辈	邻里和睦	其他	
18 岁以下	13.5	18.9	56.1	8.8	2.7	100.0
18—29 岁	13.4	22.7	56.6	5.3	2.0	100.0
30—39 岁	14.3	29.9	51.4	2.8	1.6	100.0
40—49 岁	21.3	32.0	40.2	5.7	0.8	100.0
50—59 岁	40.0	23.3	21.7	15.0	0	100.0
60 岁以上	50.0	33.3	5.6	5.6	5.5	100.0

通过对不同职业群体的分析发现,学生选择"尊重长辈"作为最重

要的家庭道德比例最高（56.8%），其次是军人群体（54.5%），最低的是教师（24.4%）。在2011年的调查结果中，选择"尊重长辈"作为最重要的家庭道德职业群体，农民最高，其次是学生，最低的是军人。教师群体认为关心爱护后代是最重要的家庭道德的比例最高（33.3%），其次是党政机关人员（20.3%），最低的是军人（9.1%）（见表1-26）。

这一相关性分析很有意义，它表明不同的年龄群体、不同的婚姻状况、不同的职业群体，对于家庭道德的不同理解，每一种理解不但与其家庭状况相关，还与公众的年龄、职业特征和婚姻状况有很大关系。这启示我们，在对不同的社会群体进行沟通交流或者思想政治教育的时候，需要深入分析不同的家庭中人员结构的特点，针对不同群体的特质有针对性地开展工作，这样才能收到比较理想的效果。

表1-26　　　　职业与最重要的家庭道德选择相关性（%）

职业	关心爱护后代	夫妻和睦	尊重长辈	邻里和睦	其他	合计
党政机关人员	20.3	29.7	48.6	1.4	0	100.0
教师	33.3	24.4	24.4	15.6	2.2	100.0
军人	9.1	18.2	54.5	18.2	0	100.0
学生	10.8	22.8	56.8	7.3	2.3	100.0
个体户	15.1	26.7	52.3	4.3	1.6	100.0
工人	17.8	25.3	53.4	3.4	0	100.0
农民	17.9	27.4	44.2	8.4	2.1	100.0
其他	18.3	23.3	50.4	5.0	3.1	100.0

表头问题："您认为在有关家庭的道德中，最重要的一点是什么？"

2. 关于"孝"：占一半的受访者认为"孝"是关心父母生活

虽然公众将"尊重长辈"放在家庭道德的核心，但是公民对于"孝"的理解却不尽相同。调查显示，当问及"您认为当前关于'孝'哪一项最重要"时，选择"关心父母的生活"的比例最高（51.5%），其次是"用自己的成功回报父母的养育之恩"（36.6%）。在2011年的调查中，"用自己的成功回报父母的养育之恩"比例最高（42.8%），其次是"关心父母的生活"（40.3%）。可见，"关心父母的生活"和"用自己的成功回报父母的养育之恩"，都是公众所比较认同的"孝"的行为。相比之下，选择"按自己的意见行事，但不与父母当面顶撞"的比例最低（1.4%），其次是"完全服从父母的意见"（2.4%）（见表1-27-1和表1-27-2）。

表1-27-1　公民对"您认为当前关于'孝'哪一项最重要"的态度（2016年）

态度	人数（人）	百分比（%）
关心父母的生活	592	51.5
用自己的成功回报父母的养育之恩	421	36.6
传宗接代，延续香火	53	4.6
完全服从父母的意见	28	2.4
与父母生活在一起或尽可能住得近一些	40	3.5
按自己的意见行事，但不与父母当面顶撞	16	1.4
合计	1150	100.0

表1-27-2　公民对"您认为当前关于'孝'哪一项最重要"的态度（2011年）

态度	人数（人）	百分比（%）
关心父母的生活	403	40.3
用自己的成功回报父母的养育之恩	428	42.8
传宗接代，延续香火	12	1.2
与父母生活在一起或尽可能住得近一些	73	7.3
完全服从父母的意见	14	1.4
按自己的意见行事，但不与父母当面顶撞	53	5.3
说不清	17	1.7
合计	1000	100.0

通过对调查数据的相关性分析可知，"用自己的成功回报父母的养育之恩"，比例最高的是18岁以下的受访者（47.3%），其次是18—29岁的受访者（39%）。可见，青少年更加趋向于用自己的成功来理解"孝"，这与2011年的调查结果是相一致的。在"关心父母的生活"的选项中，

比例最高的是 60 岁以上的受访者（72.2%），其次是 30—39 岁受访者（58.6%），最低的是 18 岁以下的受访者（37.8%）。出现这一现象的原因是，未成年人尚处在成长期，在家庭关系里属于接受的一方，这在一定程度上影响了未成年人对于"孝"的理解。通过访谈进一步印证了这一点。在"与父母生活在一起或尽可能住得近一些"的选项中，比例最高的是 60 岁以上的受访者（5.6%），在"完全服从父母的意见"的选项中，比例最高的是 60 岁以上的受访者（5.6%）（见表 1-28-1 和表 1-28-2）。

表 1-28-1　　不同年龄段公民对"孝"的理解（%）（2016 年）

年龄	关心父母的生活	用自己的成功回报父母的养育之恩	传宗接代，延续香火	与父母生活在一起或尽可能住得近一些	完全服从父母的意见	按自己的意见行事，但不与父母当面顶撞	合计
18 岁以下	37.8	47.3	8.1	4.0	2.0	0.7	100.0
18—29 岁	51.2	39%	3.3	1.6	4.0	0.9	100.0
30—39 岁	58.6	28.7	6.4	1.2	2.4	2.8	100.0
40—49 岁	50.8	34.4	4.1	4.9	4.9	0.8	100.0
50—59 岁	53.3	33.3	1.7	5.0	3.3	3.3	100.0
60 岁以上	72.2	11.1	5.6	5.6	5.6	0	100.0

表 1-28-2　　不同年龄段公民对"孝"的理解（%）（2011 年）

年龄	关心父母的生活	用自己的成功回报父母的养育之恩	传宗接代，延续香火	与父母生活在一起或尽可能住得近一些	完全服从父母的意见	按自己的意见行事，但不与父母当面顶撞	说不清	合计
18 岁以下	33.8	57.4	0	1.5	1.5	2.9	2.9	100.0
18—29 岁	38.5	46.0	0.8	7.2	0.8	5.5	1.3	100.0
30—39 岁	41.6	38.6	1.5	7.6	2.5	6.1	2.0	100.0
40—49 岁	44.9	35.5	1.4	10.9	0	5.1	2.2	100.0
50—59 岁	53.2	29.8	0	8.5	4.3	4.3	0	100.0
60 岁以上	35.0	30.0	15.0	0	10.0	5.0	5.0	100.0

(五) 网络道德

网络道德是在网络上的个人、组织之间的社会关系和共同利益的反映，是人们在网络空间行为所应该遵守的道德准则和规范的总和。中国互联网络信息中心（CNNIC）发布的第39次《中国互联网络发展状况统计报告》（以下简称为《报告》）显示，截至2016年12月，中国网民规模达7.31亿，相当于欧洲人口总量；互联网普及率达到53.2%，超过全球平均水平3.1个百分点。同时，我国手机网民规模达6.95亿，网民中使用手机上网的人群占比由2015年底的90.1%提升至95.1%，新增网民中通过手机上网的网民占比达到80.7%[①]。网民上网设备进一步向移动端集中。随着移动通信网络环境的不断完善以及智能手机的进一步普及，移动互联网应用向用户各类生活需求深入渗透，促进手机上网使用率增长。如今，互联网的发展速度日新月异，我们不论是学习、生活，还是工作都已经离不开网络，网络跟现实生活已经紧密结合在一起。因此，调查网络道德状况具有十分重要的现实意义。

本部分我们设计了两个问题："您注意使用网络文明用语吗？""你认为当前网络对社会道德的影响怎样？"，调查结果如下。

1. 总体评价，绝大部分网民比较注意网络文明

网络文明用语是现代网络文明的重要表现。调查显示：当问及"您注意使用网络文明用语吗"时，41.4%的受访者选择了非常注意，比2011年的调查数据（32.7%）高了8.7%。48.1%的受访者选择了"比较注意"，比2011年的调查数据（49.1%）低了1.0%。两项合计为89.5%。有6.1%的受访者选择"从不注意"，这项调查数据比2011年（5.6%）高了0.5%。另外，从不上网的受访者比例降低了8.2%（见表1-29）。这些数据说明，绝大部分的海南公民还是比较注意网络文明的。而随着互联网的发展和智能手机的普及，网民数量的迅速增长，使网络环境的管理难度加大，相关部门应继续引导健康文明的上网习惯，营造良好的网络环境。

---

① http://finance.sina.com.cn/roll/2017-01-12.

表 1-29　　公民对"您注意使用网络文明用语吗"的回答

回答	2016年 人数（人）	2016年 百分比（%）	2011年 人数（人）	2011年 百分比（%）
非常注意	476	41.4	327	32.7
偶尔注意	553	48.1	491	49.1
从不注意	70	6.1	56	5.6
从不上网	51	4.4	126	12.6
合计	1150	100.0	1000	100.0

通过对调查数据的相关性分析发现，不同年龄段的受访者对网络文明的注意程度存在一定差异。在"非常注意"的选项中，60岁以上的受访者比例最高（61.1%），其他年龄段的群体差异不大。在"偶尔注意"的选项中，呈现一定的负相关性，年龄越大，注意程度越低。在"从不上网"的选项中，2011年的调查数据是60岁以上的受访者比例最高（55.0%），远高于本次的调查结果（5.6%）（见表1-30），可以看出，互联网在老年群体中也普及开来，网络也出现在他们的生活中。通过对受访者的受教育程度与网络文明的注意程度关系分析可以发现，小学文化程度的受访者最不注意使用网络文明用语，选择"从不注意"选项比例最高（25.8%）（见表1-31）。

表 1-30　　年龄与注意使用网络文明用语相关性（%）（2016年）

年龄	非常注意	偶尔注意	从不注意	从不上网	总计
18岁以下	39.9	51.4	5.4	3.4	100.0
18—29岁	39.0	53.2	5.8	2.0	100.0
30—39岁	43.4	48.6	4.4	3.6	100.0
40—49岁	45.9	32.8	12.3	9.0	100.0
50—59岁	43.3	28.3	5.0	23.3	100.0
60岁以上	61.1	27.8	5.6	5.6	100.0

表1-31　　受教育程度与使用网络文明用语的相关性（%）

受教育程度	非常注意	偶尔注意	从不注意	从不上网	合计
不识字或识字很少	36.7	46.7	6.7	10.0	100.0
小学	29.0	32.3	25.8	12.9	100.0
初中	36.3	47.7	8.4	7.6	100.0
高中/职高/中专	41.5	48.9	4.7	4.9	100.0
大专	39.0	54.1	6.3	0.5	100.0
本科	52.8	43.3	2.8	1.1	100.0
研究生	58.8	41.2	0	0	100.0

2. 对于网络影响的认知：近六成受访者认为积极因素为主，比2011年增长了近两成

调查显示，当问及"您认为当前网络对社会道德的影响怎样"时，由于没有设计"说不清"选项，希望受访者做出明确判断，结果与上一次调查差异较大。数据显示，近六成（58.2%）受访者选择"积极因素为主"；30.8%的受访者选择"消极因素为主"，比2011年（15.9%）高了14.9%；11.0%的受访者选择"没有影响"（见表1-32）。

表1-32　　公民对当前网络对社会道德的影响的评价

评价	2016年 人数（人）	2016年 百分比（%）	2011年 人数（人）	2011年 百分比（%）
积极影响	669	58.2	397	39.7
消极影响	354	30.8	159	15.9
没有影响	127	11.0	51	5.1
说不清	0	0	393	39.3
合计	1150	100.0	1000	100.0

（六）社会主义核心价值观

社会主义核心价值观是社会主义核心价值体系的内核，体现社会主

义核心价值体系的根本性质和基本特征，反映社会主义核心价值体系的丰富内涵和实践要求，是社会主义核心价值体系的高度凝练和集中表达，也是社会主义思想文化、意识形态、道德规范的综合体，是对社会主义国家精神、社会理念和公民道德的抽象概括。因而是本次调查的重要内容，本部分我们设计了两个问题，即"下列词语当中哪些属于'社会主义核心价值观'"和"您是否认同'社会主义核心价值观'的24字"。

调查显示：超七成受访者认同社会主义核心价值观。在调查过程中，当问及"您是否认同'社会主义核心价值观'的24字"时，34.3%的受访者选择"很认同"，另有37.0%的受访者选择"比较认同"，两项合为71.3%。选择"一般"的受访者比例为25.4%；选择"不太认同"的受访者比例为2.9%；"很不认同"的受访者仅为0.3%。可见，当前公众对于社会主义核心价值观的认同程度是很高的（见表1-33）。

表1-33　对"您是否认同'社会主义核心价值观'的24字"的回答

	人数（人）	百分比（%）
很认同	395	34.3
比较认同	426	37.0
一般	292	25.4
不太认同	33	2.9
很不认同	4	0.3
合计	1150	100.0

通过对调查数据的分析发现，受教育程度与对社会主义核心价值观的认同度呈现一定的相关性。受教育程度较高的群体，对社会主义核心价值观的认同度也高，其中本科生认同的比例最高（83.2%），其次是大专生（79.1%）（见表1-34）。此外，不同的职业对于社会主义核心价值观的认同程度也不一样，其中党政机关人员的认同比例最高（82.4%），其次是军人（81.8%），最低的是农民（56.9%）（见表1-35）。

表1-34 文化程度与社会主义核心价值观的认同状况相关性（%）

文化程度	很认同	比较认同	一般	不太认同	很不认同	合计
不识字或识字很少	46.7	13.3	23.3	13.3	3.3	100.0
小学	22.6	38.7	19.4	16.1	3.2	100.0
初中	27.9	30.5	37.4	4.2	0	100.0
高中、职高、中专	33.5	38.9	25.1	2.3	0.2	100.0
大专	37.6	41.5	20.5	0.5	0	100.0
本科	41.6	41.6	15.2	1.1	0.6	100.0
研究生	41.2	29.4	29.4	0	0	100.0

表1-35 职业与社会主义核心价值观的认同状况相关性（%）

职业	很认同	比较认同	一般	不太认同	很不认同	合计
党政机关人员	50.0	32.4	17.6	0	0	100.0
教师	44.4	35.6	17.8	2.2	0	100.0
军人	27.3	54.5	18.2	0	0	100.0
学生	36.3	42.9	18.5	1.9	0.4	100.0
个体户	31.4	36.4	28.3	3.9	0	100.0
工人	34.2	30.8	29.5	4.8	0.7	100.0
农民	27.4	29.5	34.7	7.4	1.1	100.0
其他	32.1	38.9	27.5	1.1	0.4	100.0

三 当前海南公民道德素质存在的主要问题

通过调查走访，我们发现，淳朴善良、待人热情是海南民众具有的优点，但是也存在不足的方面，具体主要表现在以下方面。

第一，公民道德素质特别是社会公德意识仍有待提高。

公民意识是公民个人对自己在国家中地位的自我认识，也是公民自觉地以宪法和法律规定的基本权利和义务为核心内容，以自己在国家政治生活和社会生活中的主体地位为思想来源，把国家主人翁的责任感、使命感和权利义务观融为一体的自我认识，它强调的是人在社会生活中的责任意识、公德意识、民主意识等基本道德意识。在我们的调查中，超过一半（50.2%）的受访者认为当前海南公民道德素质状况一般，另有超过10.7%的受访者认为当前海南公民道德素质状况"较差"或"很差"，这比 2011 年的调查结果（20.0%）降低了 9.3%，可见在过去的五年当中，海南公民道德素质总体状况在提升，但仍需加强。在访谈的过程中我们了解到这部分受访者认为当前海南公民道德素质状况"较差"或"很差"的原因是经常看到各种不遵守社会公德的现象，每天可以看到清洁工人在清扫道路，还是会源源不断地出现各种果皮纸屑；在一些地方槟榔汁仍很常见；在广场或主干道旁边，庆祝节日时摆放的鲜花被采摘、折毁；公共场所大声喧哗，等等。

第二，社会诚信问题严重。

近代英国哲学家休谟认为"承诺的兑现"是人类社会得以存在和发展的三大自然规律之一。这说明了社会诚信在社会发展中的作用，社会诚信状况将直接影响整个社会的道德水平。当前诚信的缺失已经在一定程度上阻碍了社会的发展，同时也对和谐社会的建设产生了消极影响。此次关于海南公民社会诚信状况的调查结果不容乐观，将近一半（49.8%）的受访者认为海南当前社会诚信状况"一般"，18.8%的受访者对海南当前社会诚信状况不满意。通过比较，海南公民社会诚信状况近五年来并没有太大的变化，诚信危机依然存在。通过访谈得知，海南公众对当前海南社会诚信满意度不高的原因，主要是生活消费存在一些乱象，特别是购买到假冒伪劣产品、缺斤少两的现象较为突出。频繁收到诈骗电话和短信也成为公众对当前社会诚信感到不满意的原因之一。

第三，职业道德有待加强。

职业道德是人们在工作中所应遵循的行为规范的总和，它既是对公众在职业活动中的行为要求，又是职业本身对社会所承担的道德责任与道德义务。职业道德从一定方面影响着公民道德。我国正处于社会转型的新时期，各种思维方式、价值观念产生了剧烈的碰撞，深刻地影响着人们的道德观念、道德情感和道德行为。人们的竞争意识、民主法制意识大大增强，但同时也滋长出拜金主义等一些不正确的思想道德意识。如部分海南的领导干部利用自己掌握的权力来满足个人的私欲，在这种思想的驱使下，导致他们滥用职权、弄虚作假、贪污腐败、享乐至上。这些行为严重破坏了人民公仆的形象，以及党和人民群众的亲密关系，损害了政府的公信力,败坏了社会风气。

第四,从众心理依然严重。

从众是指个人受到外界人群行为的影响,而在自己的知觉、判断、认识上表现出符合于多数人群或公众舆论的行为方式。在通常情况下,多数人的意见往往值得借鉴和认真考虑,但如果盲目从众,缺乏独立的分析思考,是非常危险的,特别是当他人违反法律法规或社会道德的时候,公民自身应具有基本的判断力和道德批评能力,用法律和道德力量约束自己的行为。在此次问卷中,我们发现公民存在一定的从众心理,比如当问及"遇到有人遭抢劫,您怎么办"时,有12.4%的受访者选择了"先看周围人怎么做再作决定",这是从众心理的典型表现,这一比例比2011年(10.7%)的调查结果增长了1.7%,大家更愿意先看其他人怎么做,认为人多了即使是受到惩罚自身的伤害也能降低。非理性地盲从的具体例子就是"中国式过马路"。

第五,政府机关人员的办事态度和效率的评价普遍偏低,职业道德素质有待提高。

在调查和访谈中我们感到,受访者对政府机关人员的办事态度,表示"满意"和"很满意"的仅占30.3%,比2011年的调查结果比例降低了18.4%。19.9%受访者表示"不太满意"和"不满意",评价一般的受访者占了近一半。即使是满意度最高的党政机关人员和中共党员,其满意度也只有47.3%和38.3%,与2011年调查结果基本持平。此次调查发现,"中间收入2000—3000元"的人群的满意度最低,而2011年是"500元以下"的受访者比例最低,是什么原因导致中间收入群体的评价产生如此大的变化?在历经"海南文明大行动"、海口"双创"、三亚"双城双修"等活动之后,为何还会如此评价?这些问题须认真研究。

四 提升海南公民道德素质的对策

道德素质的培养是一个长期的过程,不可能一蹴而就。它以社会公民为主体,以提高公民道德素质为任务目标,以社会主义核心价值观的宣传普及为主要内容,以公民道德教育为依托手段,需要与国家政治建设、经济建设、文化建设相协调。因此，提升公民的道德素质需要多方面齐抓共管和长期努力。就当前海南公民的情况而言，需要根据存在的问题，有针对性地从以下方面入手，开展公民思想道德教育活动。

第一，加强个人层面上的社会主义核心价值观的培育与践行。一是爱国，作为个人层面的核心价值观，是对几千年来中华民族传统的爱国主义、近现代以来的爱国志士、中国共产党人领导人民的革命壮举和社会主义条件下的爱国要求的集中概括。二是敬业，是对社会从业者的职业道德的核心要求，是每一个社会主义建设者使命感和责任心的强有力体现。通过敬业的思想教育，使每一个公民首先要增强职业操守，热爱自己的工作，更加全面地遵守职业道德的要求。三是诚信，这是中华民族几千年来推崇和坚守的做人原则，也是当代社会主义核心价值观建设的重要内容。坚持讲"诚信"，是社会主义公民的一种道德责任，体现了社会主义道德自觉。从宣传教育入手，培育广大公民守诚重信的思想和道德情操。四是友善，就是待人善良。友善的道德价值，是其他一切道德价值之本，它是个人道德的基础，是社会主义荣辱观的集中体现。今天在社会主义精神文明建设中提倡"友善"的价值观，就是要通过教育和示范，引导全体公民自觉遵守社会道德规范，自觉以善良的心处事为人，以平等友好的态度待人。另外，对待周遭的事物也要友善，如爱护公共设施、自然环境等。

第二，强化公民道德教育。公民高尚道德品质的形成离不开党和国家的教育引导。一种社会道德，能否被人们所认同并接受，固然与其本身是否符合社会发展的规律有关，而其在何种程度被公民所认同和接受，则取决于道德教育的成效。正如《公民道德建设实施纲要》指出的："提高公民道德建设素质，教育是基础。"

第三，加强公务员群体的作风建设，提升公众对政府部门的认同度。当前，工作作风直接影响到党和政府在民众中的形象，当务之急就是要改革机关干部的考核方式和考核内容，提高"干群关系"在干部考核中的权重。要拓展政府机关与民众之间交流的渠道，增强党政机关工作的透明度，定期听取群众意见并建立反馈机制，把群众的满意度评价作为干部考核的重要内容，打造服务型政府。

第四，加强正面宣传，以多种方式倡导文明健康的生活方式和行为方式。一方面，要积极弘扬精神文明建设中能够反映新时期道德要求的典型人物与事迹。借助知名栏目，加强对公民关注的热点道德问题的引导，激发群众参与其中展开讨论，并辅以舆论监督，对违背道德的失范行为和丑恶现象进行有力的批判；另一方面，通过各种形式的公益广告，净化人文环境，公民在观看公益广告的同时，自然而然地将蕴于其中的社会主义性质的道德评判和价值追求内化于心。

第五，加强制度和机制建设，提高管理的效率和效益。公民道德建设的发展离不开完善的道德制度。一方面，制度对公民的道德规范起约束作用，使广大人民群众对社会行为进行道德判断时有章可循，充分发挥道德的他律作用；另一方面，制度通过其约束力对公民道德自觉性的提高也有积极作用。《公民道德建设实施纲要》指出："公民道德建设是一个复杂的社会系统工程，要靠教育，也要靠法律、政策和规章制度。公民良好道德习惯的养成是一个长期、渐进的过程，离不开严明的规章制度。"同时，道德规范只有得到了相关法律法规的支持，才能真正发挥它的作用和效果。因此，加强公民道德的制度化建设，完善道德规范，健全道德建设的制度体系，是保障道德建设的有效性的关键，也只有保障了道德建设的有效性，才能真正有力地保障社会的公平和正义，真正地优化社会环境，最终形成良性循环。

第六，加强学校教育，培育文明公民。在全省各大中小学开展"做文明的海南人"教育活动，把提高公民道德水平和文明素质融入学校教育体系之中。正如有些受访者认为的那样，"新一代的海南年轻人作为未来社会主义建设的主力军，通过教育，培养他们形成良好的道德素质。与此同时要注重家庭环境的影响，不仅要通过家庭教育来培育年轻人，更要通过加强学校教育，让学生去影响家庭成员，使之形成良好的道德素质"。通过以上的方式方法，提高海南公民的道德素质，优化海南社会环境，提升海南经济社会发展的软实力，进而提高海南旅游文化产业的核心竞争力，逐步建成"健康之岛"。

（詹道荣　田菁）

第二章

分报告

分报告之一 海南公民的社会公德调查

一 研究背景

《公民道德建设实施纲要》指出:"从我国的历史和现实的国情出发,社会主义道德建设要坚持以为人民服务为核心,以集体主义为原则,以爱祖国、爱人民、爱劳动、爱科学、爱社会主义为基本要求,以社会公德、职业道德、家庭美德为着力点。"在公民建设中,应当把这些主要内容具体化、规范化,使之成为全体公民普遍认同和自觉遵守的行为准则。提升海南公民道德素质,不仅可以规范人们的行为习惯、改进人们的生活方式,还是建立文明海南、提升海南国际旅游岛建设的文化软实力、展示海南整体风貌的重要内容。

2010年1月4日,国务院发布的《国务院关于推进海南国际旅游岛建设发展的若干意见》中指出:营造文明和谐的社会环境。深入开展群众性精神文明创建活动,加强社会公德、职业道德、家庭美德和个人品德建设,培育讲文明、重礼仪、团结友善、热情好客的社会风尚。2011年10月,海南省委省政府结合实际,决定在全省范围内开展"海南文明大行动"活动。五年多来,文明大行动持续深入开展,在国际旅游的建设过程中取得了实实在在的作用。而社会公德作为公民道德素质和精神文明建设的重要组成部分,也是人们在社会生活中最简单、最起码、最普通的行为准则，是维持社会公共生活正常、有序、健康发展的最基本条件。因此，社会公德是全体公民在社会交往和公共生活中应该遵循的行为准则，也是作为公民应有的品德操守。

为进一步准确把握当前国际旅游岛建设背景下海南公民的整体道德水平现状，分析当前海南公民道德素质的现状所存在的问题，并提出相应的对策和建议。2016年7月，由海南大学马克思主义学院教授、研究生和本科生组建的"海南公民道德素质发展研究"实践调查团，分成东线、中线和西线，针对文昌—琼海—陵水—三亚、海口—屯昌—琼中、澄迈—临高—儋州—东方11个市县进行了实地考察、问卷调查和访谈。调查问卷中与社会公德相关的问题有："您认为当前海南公民道德素质状况如何""您认为社会公德最重要的内容是？""遇到有人遭抢劫，您会怎么办""市民对待公共设施的态度怎么样"等。本次调查一共发放问卷1200份，实际回收问卷1150份，均为有效问卷，有效回收率为95.83%。问卷中涉及人们对社会公德内容的认知情况、对社会公德的基本态度、对社会公共设施的使用情况、对提升公民道德素质的期望以及提高公民道德素质的方式方法等方面。

二 海南公民社会公德现状

本书调查数据均采用SPSS统计软件进行定量分析，为了更进一步了解海南公民社会公德现状，我们还将此次调查数据与2011年《国际旅游岛建设与海南公民道德素质提升研究》的调查数据进行了比较和分析。

（一）社会公德最重要的内容：超半数人认为是"在公共场所遵守秩序"

调查数据显示，不管是在2011年还是在2016年的调查中，选择"在公共场所遵守秩序"的比例都是最高的，分别为45.0%和54.4%，这就说明"在公共场所遵守秩序"一直以来都是得到人们普遍认可的社会公德中最重要的内容。"为他人提供方便"的选项选择比例有所下降,只占到9.8%。在"不影响他人"的选项中,基本与2011年的数据持平。选择"讲究公共卫生"和"爱护公物"两个选项的,分别占据了18.1%和4.7%。选择"其他"选项的比例大幅度下降,只占到1.3%。从而可以看出,近些年来公民对社会公德最重要的内容的看法都具有自己新的判断标准(见表2-1)。

表2-1　　　　　　公民对社会公德最重要的内容的看法(%)

年份	在公共场所遵守秩序	为他人提供方便	不影响他人	讲究公共卫生	爱护公物	其他	合计
2011	45.0	14.7	10.1	14.8	6.8	8.6	100.0
2016	54.4	9.8	11.7	18.1	4.7	1.3	100.0
2016年对2011年差额	9.4	-4.9	1.6	3.3	-2.1	-7.3	

资料来源:2011年调查数据来自李辽宁《国际旅游岛建设与海南公民道德素质提升研究》,中国社会科学出版社2012年版,第42页。

从表2-1的数据中可以看出,目前海南的公共卫生状况较2011年相比有所提升,"在公共场所遵守秩序"越来越被人们所重视和认可。随着近些年来"海南文明大行动"以及海口"双创"(创建全国文明城市、创建国家卫生城市)工作的深入开展,乱丢垃圾、乱吐乱涂、破坏公物的现象越来越少,城市环境卫生也越来越好,这是整个海南公民都有目共睹的。

(二)公民对遇到"他人遭到抢劫"时的态度

在问卷设计的过程中,我们将"遇到有人遭抢劫,您会怎么办"作为海南公民在面对社会问题时的态度表现,并将调查结果与2011年的研究成果进行了比较。

1. 总体态度:公民在面对社会问题时态度明确,大多数受访者会选择"报警",公民处理问题趋向理性(见表2-2)。

表 2-2　　　　　　公民对遇到他人遭受抢劫时的处理态度（%）

年份	挺身而出	先看周围的人怎么做再作决定	报警	多一事不如少一事，不管	合计
2011	17.8	10.7	66.6	4.9	100.0
2016	14.4	12.3	69.3	4.0	100.0
2016年对2011年差额	-3.4	1.6	2.7	-0.9	

资料来源：2011年调查数据来自李辽宁《国际旅游岛建设与海南公民道德素质提升研究》，中国社会科学出版社2012年版，第43页。

调查显示，选择"挺身而出"选项的比例较2011年的数据减少了3.4%，而选择"报警"选项的比例相较而言增加了2.7%，这说明海南公民的民主法律意识得到了一定程度的提升，选择这两个选项的公民都是较为理性的一类群体，这两项选项也是最值得肯定和支持的做法。我们一般呼吁，要在保证自身生命财产安全的情况下，再作进一步决定，理性判断问题。选择"先看周围的人怎么做再作决定"和"多一事不如少一事，不管"的两个选项的比例相对较少（12.3%和4.0%），说明海南公民的社会道德水平在不断提高，大多数人还是愿意选择"挺身而出"或"报警"来帮助他人。总体看来，近些年来随着经济的不断发展和生活水平的不断提升，人们越来越重视自己思想道德素质方面的体现，在面对社会问题时海南公民的处理态度也趋向理性。在访谈过程中我们也了解到，有过当兵经历的人群，不管是现役军人还是退伍军人，在该问题的选项中都较为一致地选择了"挺身而出"。

2. 不同政治面貌的群体对"遇到有人遭抢劫，您会怎么办"的态度：中共党员态度明确，充分发挥了模范带头作用（见表2-3）。

表 2-3　政治面貌与"遇到有人遭抢劫，您会怎么办"选项的相关性（%）

政治面貌	挺身而出	先看周围的人怎么做再做决定	报警	多一事不如少一事，不管	合计
中共党员	23.4	11.3	63.8	1.5	100.0
共青团员	11.8	13.4	72.5	2.3	100.0
其他党派人士	20.0	16.0	56.0	8.0	100.0
无党派人士	13.8	12.0	68.9	5.3	100.0

从调查数据来看，选择"挺身而出"选项的，中共党员所占的比例最高（23.4%），比例最低的是共青团员（11.8%）。在"先看周围的人怎么做再作决定"的选项中，比例最高的是其他党派人士（16.0%），比例最低的是中共党员（11.3%）。选择"多一事不如少一事，不管"的选项，比例最高的是其他党派人士（8.0%），比例最低的是中共党员（1.5%）。以上数据充分体现出中共党员极高的党性和政治觉悟，在紧急关头，最有可能发挥模范带头作用的是中共党员，而其他党派人士或者无党派人士则态度消极，存在一定的困惑心理。从另一方面可以看出，人的行为选择与受教育程度密切相关，受教育程度越高，道德行为判断越明确，自我保护意识也越强。从整体看来，中共党员在面对社会问题的态度表现中，属于积极应对的心态，并得到了广大人民群众的充分认可。

（三）市民对待公共设施的态度

从整体上看，海南公民在对待公共设施的问题上存在明显区别，受访者的教育程度越高，满意率越低。

1. 总体态度：近半数市民相对爱护公共设施（见表2-4）。

表2-4　　　　　　　　市民对待公共设施的态度评价

态度评价	2016年 人数（人）	2016年 百分比（%）	2011年 人数（人）	2011年 百分比（%）
很爱护	214	18.6	192	19.2
比较爱护	323	28.1	328	32.8
不太爱护	370	32.2	408	40.8
很不爱护	78	6.8	72	7.2
不清楚	165	14.3	0	0
合计	1150	100.0	1000	100.0

调查数据显示，在总体态度上，选择"很爱护"和"比较爱护"的市民占到了46.7%（18.6%和28.1%），足以说明大多数市民相对来说是比较爱护公共设施的。在选择"不太爱护"和"很不爱护"

两项选项的比例为32.2%和6.8%,说明还是有相当一部分市民爱护公物的意识比较薄弱。有14.3%的市民在该问题上选择了"不清楚"。对待公共设施的不同态度也充分反映出了广大市民在社会公德方面的文明程度。根据实地调查我们发现,由于经济的发展和科学技术的不断进步,人们使用移动设备的比例大大增加,从而也就导致许多公用IC卡电话无人问津遭到冷落,且大多数公用IC卡电话或多或少也遭受过人为或者自然灾害的破坏,无法正常使用;电线杆、楼道、电梯、公交站牌、围墙等其他一些卫生死角偶尔会有乱贴小广告的现象。随着海南省委省政府对环境卫生整治力度不断加大,类似破坏公共设施、不爱护环境卫生的现象也在逐渐减少。在调研过程中,我们发现各市县街道上清洁工的数量以及垃圾桶的数量较之前增加了许多;随处可以看见志愿者积极主动帮助清理小广告;乱吐槟榔汁、口香糖的现象偶有发生但相对减少。这一系列现象都表明,海南国际旅游岛的建设从许多方面促进了公民道德素质要求的提升,这是一个值得我们肯定的新现象。

2. 受教育程度不同的受访者对待公共设施的态度评价:受教育程度越高,满意率越低;受教育程度越低,满意率越高(见表2-5-1和表2-5-2)。

表2-5-1 受教育程度与市民对爱护公共设施评价的相关性(%)(2016年)

受教育程度	很爱护	比较爱护	不太爱护	很不爱护	不清楚	合计
不识字或识字很少	31.0	27.6	27.6	10.3	3.5	100.0
小学	23.1	31.9	24.2	3.5	17.3	100.0
初中	27.6	17.2	17.2	6.9	31.1	100.0
高中、职高、中专	19.0	25.8	33.6	7.1	14.5	100.0
大专	15.2	27.5	30.8	11.3	15.2	100.0
本科	12.9	29.2	42.7	5.6	9.6	100.0
研究生	0	35.3	58.8	0	5.9	100.0

表 2-5-2　受教育程度与市民对爱护公共设施评价的相关性（%）（2011 年）

受教育程度	很爱护	比较爱护	不太爱护	很不爱护	合计
不识字或识字很少	16.7	0	66.7	16.7	100.0
小学	18.8	46.9	28.1	6.3	100.0
初中	26.0	39.3	28.3	6.4	100.0
高中、职高、中专	22.3	35.0	35.4	7.3	100.0
大专	19.4	34.0	38.8	7.8	100.0
本科	11.2	25.3	57.3	6.2	100.0
研究生	10.7	14.3	60.7	14.3	100.0

据 2016 年调查显示，受教育程度与公民爱护公共设施的满意程度呈现出一定的负相关性，受教育程度越高，满意率越低；受教育程度越低，满意率越高。不识字或识字很少、小学、初中、高中（职高、中专）、大专、本科和研究生群体在选择"很爱护"和"比较爱护"选项的比例之和分别为：58.6%、55%、44.8%、44.8%、42.7%、42.1%和35.3%。不识字或识字很少、小学、初中、高中（职高、中专）、大专、本科和研究生群体在选择"不太爱护"和"很不爱护"选项的比例之和分别为：37.9%、27.7%、24.1%、40.7%、42.1%、48.3%和58.8%。通过调查发现，人们的文化水平越高，对公民道德的认知就越明确，但也不能表明其社会公德行为与认知水平是绝对一致的。受教育程度不同的群体，对社会公德的认知水平和评价标准也各不相同。

总而言之，增强全省人民建设国际旅游岛的参与意识，培育和践行社会主义核心价值观，做好海南精神文明建设工作，是一项长期而又系统的工程。

三　问题与原因分析

综上所述，通过与 2011 年数据对比可以发现，海南公民的社会公德的水平总体得到了提高，这主要得益于海南省委省政府领导下的海南文明大行动的持续展开和海南公民的热情参与。与五年前相比，越来越多的人积极践行着社会公德的要求，爱护公物得到大多数人的认同，更多的人认识到在公共场所遵守秩序的重要性，对于公共卫生也更加爱护。但与此同时，我们也应该看到其中隐藏的问题，比如，更少的人选择去为他人提供方便；在面对不法分子抢劫时，选择挺身而出的更少了，选择报警的人更多了，虽然这说明我们的法律意识得到了明显加强，但是人们似乎在助人为乐方面更加谨慎了。深入分析其中的原因，我们认为可以从以下几个方面来说明。

（一）社会公德所具有的继承性特点所带来的弊端

社会公德并不是凭空产生的，它是人们在千百年的社会生活中，通过各种社会活动和社会关系的承继，并逐步固化下来的，人们在社会中所要共同遵循的行为准则，是维护社会成员之间最基本的社会关系秩序，保证社会和谐稳定的最起码的道德要求。纵观中国几千年的历史，社会公德的形成与发展，其中不可避免地会受到中国传统思想的影响，这既有"先天下之忧而忧，后天下之乐而乐"的豪迈，也有"各人自扫门前雪，休管他人瓦上霜"的冷漠，而本报告说的其继承性所带来的弊端，也正是中国传统社会中的不利于社会公德发展的方面。

第一，传统的家国同构、宗法血缘的政治结构阻碍了公共意识的产生。

自从禹传位于启之后，天下进入家天下的时代。这种家天下的局面一直延续了几千年。而此后一系列的我国古代政治设计无不是为这一中心服务。西周之后，宗法血缘进一步加强了这种趋势。宗法制渗透至社会的各个方面，形成了笼罩整个社会的一张大网，规范着每一个人的行为。一方面，统治者通过血缘宗法制划分权力和利益，将这个天下看作是自家的一块肉，肆意分割，没人认为有什么不对。另一方面，被统治者在宗法制的束缚之下，无论是生老病死，还是结婚生子，他都是这个宗族之中的一员，他的一切社会关系，可以说几乎都在宗族之中，他几乎很少参加到其他的社会活动和社会关系之中，公共的活动都这么少，何谈形成公共意识呢？更进一步而言，古代百姓能认识到自身吗？如果连自己都认识不到自己是一个独立的个体，那么公共意识则无从产生。"普天之下莫非王土，率土之滨莫非王臣"，天下之物都是君主的，天下任何事都是君主的家事，连百姓也是君主一家的私有之物，已经丧失了其作为人的独立性，也就无法为自己负责，只需要对宗族负责，从而也就放弃了对公的追求，也就无法产生公共意识。

第二，古代以自给自足为基础的小农经济严重阻碍了公共领域的产生。

如果简单来描述古代的经济结构的话，自给自足、男耕女织的自然经济，这是比较合适的。虽然中国古代商业、手工业也很发达，但是，这都是建立在自给自足的前提上，满足这个条件之后，有多余的劳动产品，才会拿出来交易。为什么会说自给自足为基础的小农经济严重阻碍了公共领域的产生呢？这是因为长期的男耕女织的农耕活动，人们被牢牢地束缚在土地之上，再加上生产力束缚，占中国人口绝大多数的农民只关心自己的一亩三分地能不能让自己一家吃饱，从而无暇去关心其他人的事。这也就是为什么有人认为小农经济造成了古代中国人们保守、封闭、安于现状的性格。与此同时，正是由于小农经济的长期占据主导地位，农民生产力的相对落后，劳动产品更多地作为自己的生活品而消费掉了，难以产生商品交换，这样就进一步限制了他们的交往的产生，也就更难产生公共的领域交集。即使有庙会和祭祀以及节日活动等公共交流的平台，这也是在家庭或者是宗族之内进行的。而反观西方，海洋文明的发展带来的则是商业活动的繁荣，人们更多地处于流动交往之中，公共领域就自然而然地产生了，而在这种人与人之间的活动下，人们相互试探对方能接受的底线，为自己谋利，在一次次的相互博弈中，逐渐认识到只有在一定的规矩和准则之下，自己的利益才能相对最大化。由此，商业道德产生，随着历史的演进，逐步扩大到整个社会领域，这也是西方人普遍在社会公德方面做得更好的原因，因为他们很早就有了比较大的社会公共领域。

第三，中国传统文化中私德的主导地位阻碍了社会公德的发展。

中国传统文化之中，占据主导地位的是儒家文化，而中国的传统伦理道德则被其深深地影响着。"修身齐家治国平天下"，修身齐家充分昭示着儒家传统伦理中私德的重要性。而治国平天下，则展现了儒家的公德伦理。所以说，在这里，儒家构建的伦理体系，既包含着公德的部分，也包含着私德的部分。那么，我们为什么会说私德主导的伦理文化阻碍了社会公德的发展呢？这是因为，中国儒家的伦理文化是以家庭为基础，通过宗法血缘的脉络，使家庭、国家、民族三个在现代社会中具有不同底蕴的社会群体形态，都具有相同的伦理性质，成为一个完整却又层次分明的伦理共同体。一切以家庭为起点，最终的归宿也是家天下这个终点，从本质上说，这只是绕了一个圈而已，家天下不改变，公德只是泡影而已。与此同时，我们还要注意的是，这里的公德，更多强调的是一种大道德，一种大公无私之德，从广泛意义上来说，这固然也是公德，但却缺少了对人本身权利、社会基本规范和行为准则等基本的社会公德的提倡。

正是由于社会公德的继承性的特点，中国传统社会的一些弊端被继承下来，才导致了如今我国在社会公德的发展上遇到了一些问题，在现阶段，社会公德被败坏，社会风气日薄西山，对社会主义和谐社会建设产生了不良影响。

（二）极端功利思想盛行，阻碍了社会公德的发展

改革开放以来，市场经济迅速发展，带来了我国经济的迅速发展，生产力的极大解放，物质资料的极大丰富，人们更多地参加到公共生活之中，公共领域极大扩大。但是，与此相对应的社会道德却没有发展起来，造成了物质与精神的脱节，物质的丰富与精神的贫瘠形成了鲜明的对比。造成这种现象的原因主要有以下几点。

首先，传统的道德理念在市场经济的冲击下逐渐被瓦解，而新的适合市场经济的道德还未形成。市场经济的发展，带来了社会公共领域的扩大，公共生活更多了，人们不再像原来一样，被限制在一个较

小而且熟悉的范围之内，而是放大到整个社会，一个陌生人居多数的社会之中，原有的道德不再像原来一样，能保证每个人的地位和利益。于是，人们开始试探这个新环境的底线，人与人之间也在相互试探和博弈。在这样一个陌生人的社会中，人与人之间的博弈，就是一次次单次博弈，毕竟是陌生人，下次再相遇的概率也非常小，所以，这次我要尽可能地获取利益，这只是一锤子买卖。长此以往，就造成了社会诚信缺失，人与人之间相互钩心斗角，社会公德也就无法实现了。事实上，这在西方也是存在的，但是，西方在几百年的资本主义发展中，逐步受到这种行为的伤害，危及整个社会的发展，人们逐渐意识到这样下去只是在内耗而已，不符合自身利益的相对最大化。这样，市场机制逐步形成，社会公德才得以被认可，人们在一定的规矩之中，才能实现相对的利益最大化。中国改革开放几十年时间，市场经济极大发展。但是，市场的道德还未形成，矛盾却日渐累积，仅仅依靠市场本身的调节，这落后于市场经济的发展。正是因为这样，社会公德才逐渐失范。

其次，极端利己主义思想的盛行，拜金主义流行，不利于社会公德的发展。"仓廪实而知礼节，衣食足而知荣辱"，物质资料的极大丰富，在解决了最基本的生存问题之后，自然而然地要解决精神方面的需求了。由于人们自然而然地追求利益的本质，再加上改革开放之初，为了增加人们的动力，过度渲染了金钱的魔力，以至于人们把金钱作为自己的追求，作为实现自身价值的最重要目标，社会也把金钱多少作为衡量一个人成功与否的标志，拜金主义的盛行也就不足为奇了。需要说明的是，功利主义并不是我们要批评的对象，因为功利主义的最终目的是要实现道德的最大化，以及整体利益的最优化。我们要批判的是极端的利己主义，为实现自身目的，不择手段，不论道德，往海鲜中注水、在称重时压秤、扶老人被讹诈，这些行为都是极端利己主义的表现，为一己之私危害整个社会的公德。

这是社会公德的超功利性，使社会公德在功利面前往往是无力的。特别是在当今的中国社会，公德成为人们肆意攫取利益的摇篮，人们挥霍着社会公德，为自己谋利，何谈社会公德的发展？！

(三) 社会公德机制不完善，阻碍了其发展

由于社会公德具有弱监督性，往往难以去进行监督。特别是不完善的监督机制，更加严重阻碍了社会公德的发展。其主要体现在，第一，当前我国对于社会公德的法律法规不完善，执法不力。社会公德法律法规不健全。我国的社会公德规范要求是以《公民道德实施纲要》中所规定的为主要内容，以八荣八耻、社会主义核心价值体系所提倡的相关内容为补充，再无系统明确的规范细则，更没有强制性法律法规来引导人们去践行社会公德。执法不力，主要表现在有些关于社会公德的法律法规本身就缺乏可执行性，法律条规过于宽泛，流于表面，不具有执法的基础，导致执法选择空间很大，自由裁量权太大。特别是有时社会公德在我们看来是小事，人情大于法理，很多时候，往往一抬手就过去了。第二，社会公众监督弱。反映到这个社会之中，人与人之间的交往过于迅速，往往很难形成固定的关系，形成所谓"熟人社会"。人口众多，流动性大大增加，人们都对于自己以外的事很少关心，而鲜有精力去监督别人。特别是网络时代的到来，虚拟性增加，沟通距离扩大，疏离感更强，更加弱化了社会监督的功能。

(四) 公德教育出现失误，阻碍了社会公德的发展

百年大计，教育为先。现代教育的确获得了长足的发展，无论是九年义务教育制度的普及，还是高等教育的人才培养，都为我国的发展奠定了雄厚的人力资源和人才储备基础。但是，一片繁花似锦，却也掩盖不了其中的问题，那就是公德教育的失误。

从教育理念来看，重成绩、轻德育的理念盛行。在学校，什么样的学生是好学生？成绩好的学生就是好学生；在家里，什么样的孩子是好孩子？学习成绩好的孩子是好孩子。这种唯成绩论、轻德育的理念广泛出现于学校、家庭和社会之中。这固然与社会的人才选拔方式有关，但是，有才无德之人，危害更大。从教育的内容来看，我们在学校里对学生的教导，更多的是大道德，无私奉献，舍己为人，的确

是成为一个完人的道德。但是，对于大多数普通的人来说，不随地吐痰，不乱丢垃圾，这也是道德教育。很遗憾，我们对于公德教育太过于高大上，过于空泛，缺少了最基础的社会公德教育，就如缺了地基的空中楼阁，风一吹就岌岌可危了。从教育手段来说，重灌输，轻实践。在课堂上，一节课的道德教育，也只是灌输了一些教条和一些人的辉煌事迹和崇高道德，很难将其内化于心、外化于行。在家庭教育之中，再多的耳提面命，也比不上父母的以身作则，带着孩子去体验和经历。家庭教育与学校教育之间的断层和失误，使社会公德教育出现了失误。

就我们在实践调研之中的经历来看，有一种情况应该值得注意，那就是教师本身道德水平高低对德育的影响。事实上在这之中，我们不止一次在访谈之中听到关于教师本身的一些议论。比如说，有些教师热衷开辅导班，忽视本身的职责，收受学生礼物的事也时有发生。联系到如今层出不穷的教师虐待学生，对学生做违法犯罪之事，这都让我们不得不反思，教师作为一个公德教育的实施者，如果其本身的道德水平不达标，又如何指望他能以身作则地给被教育者树立榜样呢？

四 对策建议

作为海南文化软实力的主要组成部分之一，海南社会公德的提高，关乎整个海南的对外形象，特别是作为国际旅游岛建设的国际形象而言，具有重要意义。如果将公民的社会公德比作一个水池的话，这个水池有一个进水口和一个出水口，如果要想水池的水量增加，在目前没法堵住出水口的情况下，只有保持住进水口的流量大于出水口的流量，才能保持水池中水量的上涨。也就是说，要想社会公德提高，我们要提高社会公德的正向增加，减少乃至最终消灭负向增加。那么，我们应该怎么做呢？

（一）完善社会公德的运行机制，创建更好的公德环境

完善社会公德的运行机制，需要从监督机制和奖惩机制各个方

面，统一行动，共同建设。第一，就社会公德的监督机制而言，首先是完善法律法规的制定，这种依靠强制力量的监督格外重要，特别是在现有的自发形成的社会公德还没有办法完全约束人们的行动时，借助法律这种强制性力量，可以更好地规范人们的行为，促进社会公德的建立。需要特别说明的是，在立法过程中，一定要更加完善相关细则，深化实施细则，不仅要做到有详细明确的法律法规可依，更要做到能具体可操作、可实施。其次是依靠社会舆论监督必不可少。社会方面要形成良好的舆论环境，加强道德模范的影响力。充分发挥道德模范的榜样作用，以鼓舞人们自觉为争取道德荣誉而奋斗，强化道德行为的动机。无论是感动中国人物的评选，还是感动海南十大人物评选，抑或是我们亲身经历的石屋村村官精神展，都属于这一类。我国还要在社会中形成良好的道德舆论环境，增强道德他律的监督效应，完善社会评价机制，加强社会成员的舆论凝聚力，形成道德合力，对于违反社会公德的行为进行严厉的舆论谴责。加强对不道德行为的曝光度，在小区的展墙上创作社会公德宣传，等等。

第二，就社会公德的奖惩机制而言，作为社会公德调节最常用的调控手段之一，它主要是指对那些遵守社会公德、道德水平较高的人给予他们物质或者精神激励；对于违背社会公德、实施恶行的人则要进行批评揭露、给予相应的物质处罚并责令其对自己的失范行为所造成的后果进行弥补。通过赏罚机制，不仅可以引导正确的社会价值取向，还可以通过施压外部约束力以维持人们对道德追求的动力，使人们都能够积极参与到社会公德建设中去，积极践行社会公德。需要指出的是，道德赏罚是社会道德他律内化为个体道德自律的重要保证，所以说建立社会公德赏罚机制对于完善社会公德建设具有极大的促进意义。

（二）重视公德教育，特别是对于青少年的道德教育

作为国家的未来，青少年社会公德的高低，直接决定了接下来几十年间我国总体道德水平的高低，所以说，对于青少年的社会公德教育，乃是重中之重。一方面，我们要重视家庭教育的作用。父母作为孩子的第一位老师，不仅要教会他们如何做事，更应该教会孩子如何

有德、立德、弘德。要想建立完善的家庭社会公德教育，首先要树立家长正确的教育理念，重视孩子的道德培养，不以成绩论英雄。其次，要注重言传身教的教育方法，树立模范作用，打骂并不能解决问题，上梁不正才会下梁歪。另一方面，学校教育也不容忽视。从教育理念来说，要打破唯成绩论，真正做到重视德育和智育，真正做到德智体美劳全面发展。从德育内容来说，要改变我国道德教育中存在的"重大德、轻小德"的轻视社会公德教育的弊端，同时，也要改变中国道德教育出现的"小学讲共产主义理想，中学讲道德教育，大学讲社会公德"的本末倒置的道德教育失衡状况。从教育方法来说，减少灌输比例，当然，并不是不要灌输，只是要适当而已。注重提高学生亲身参与的实践方式，在实践中体会和理解社会公德。就我们在实际调研中遇到的问题而言，教师要不断提高自身道德素质、社会公德意识，积极践行社会公德规范，为学生树立良好的模范作用。对于教师的道德考核应该和业绩考核放到同等重要的地位。与此同时，学校应加强校风、学风建设，保证教育环境的纯净化，同时还要与家长建立多元化的通信机制，积极组织家长践行家庭道德教育，解决其在进行家庭社会公德教育过程中的难点和疑点，增强社会公德教育的实效性。

（三）政府要积极履行职责，为推进海南文明大行动提供保障

事实上，政府无论是资源、能力抑或是执行效力，在推进海南文明大行动中，都大有可为。2016年4月29日下午，在海南省文明城市创建暨海南文明大行动工作推进会上，省委书记罗保铭在批示中说，开展文明大行动是省委、省政府的重大决策部署。四年来全省各地各部门精心组织、深入开展，推动海南城乡面貌焕然一新、诚信经营深入人心、凡人善举层出不穷、美德义行蔚然成风，国际旅游岛软实力不断提升，省委、省政府对此充分肯定。

文明大行动是一项长期而艰巨的任务，不可能毕其功于一役，需要坚持不懈、常抓常新。2017年要聚焦文明城市创建活动这一新主题，下大力气抓实抓好。要坚持以人为本，聚焦城市治理管理突出问

题，为群众办好事实事，让群众在文明城市创建中受益更多。要动员全民参与，培育和践行社会主义核心价值观，让文明意识、文明行为融入社区、单位及每一个人，形成奋发向上、崇德向善、正气高扬的文明风尚。各级领导干部、公众人物、先进模范要率先示范，引导广大群众争当文明公民、展示文明形象，为实现海南绿色崛起、全面建设国际旅游岛、全面建成小康社会提供坚强的思想保证、强大的精神力量。事实上，海南省政府各部门在这些方面都做出了巨大的努力。比如说最近，海口交警首次进行网上直播执法，这一行为不仅使人们更加了解交警的执法过程，更多地学习到交通知识，增加执法透明度，同时也促进了交警执法的规范、公正、文明执法，为海南的文明大行动提供了最有力的注解。

总而言之，社会公德是一个地区文化软实力的体现，也是一个地区人文风貌的集中展示。社会公德建设不仅仅是发展我国社会主义精神文明建设的要求，也是社会主义核心价值观的基本要求。社会道德的培养，既能展现海南人民的良好精神风貌，也进一步展现了海南岛的国际形象，为海南岛迈向更加辉煌的明天构筑了坚实的阶梯。

(廖桂真、罗康俊)

分报告之二　海南青年德育现状及对策

一　背景

随着2010年国际旅游岛建设政策的出台，海南省经济、政治不断发展，整个社会呈现一片欣欣向荣之态。海南省青年作为未来海南建设的生力军，其德育现状及发展已经引起社会的广泛关注，成为一个热点话题。"海南省公民道德素质问卷"调查数据显示（见表2-6），在海南的11个市、县、镇地区的1150份有效调查问卷中，就"海南省公民道德问题产生的主要原因"一题，有611人选择了社会环境一项，占调查总数的53.1%，排在第一位。其次才是道德教育乏力，占调查总数的39.7%，接着是经济生活变动的冲击。由此可以看出，海南省公民普遍认为社会环境对海南公民道德造成了巨大的影响。

表2-6　　　海南省公民道德问题产生的主要原因（多选题）

主要原因	人数（人）	百分比（%）
经济生活变动的冲击	423	36.8
社会环境的影响	611	53.1
西方思想观念的影响	100	8.7
道德教育乏力	457	39.7
制度、法制不健全	300	26.1
领导干部没有带头	251	21.8
不重视个人修养	367	31.9
其他	45	3.9

受社会环境、道德教育乏力及经济生活变动带来的冲击等因素影响，海南省公民道德产生了一些问题。作为海南省未来建设的主力军，青年的德育状况及发展无疑是众人关注的焦点。认识和把握海南青年的道德状况和发展态势，并在此基础上探索海南道德教育的现实走向，这是我们必须要探讨和解决的问题。

二　问卷设计

本报告所说的青年限定在年龄18—29周岁的公民。对其研究，一方面可以有效反映出海南青年德育的现状及发展，制定相关的对策促进其德育状况的发展；另一方面，他们也是海南公民群体的一个部分，通过调查研究可以更加细致地思考、探索、分析海南省公民的德育状况及问题。

本次海南公民道德调查共回收青年群体有效问卷551份。从性别来看，男性211人，占38.3%；女性340人，占61.7%，调查的性别男女比例为0.62∶1，其中已婚的占23.6%。

从户籍看，海南户口居民961人，占83.6%；外地户口在海南生活一年以上的有133人，占11.6%。此两者累计达95.2%，调查对象具有一定的区域代表性。

从学历上看，高中、职高、中专有211人，占38.3%；大专有107人，占19.4%；本科有116人，占21.1%；研究生有10人，占1.8%；初中及以下学历有107人，占19.4%。可见此次调查对象的青年群体绝大多数受过良好的学校教育。

表2-7　　　　　　　　18—29岁青年职业分布（%）

年龄	党政机关人员	教师	军人	学生	个体户	工人	农民	其他	总计
18—29岁	5.1	4.2	1.1	24.1	19.6	11.2	6.4	28.3	100

从职业分布看，其他选项有156人，占28.3%；学生群体有133人，占24.1%；紧随其后的排名是：个体户、工人、农民、党政机关人员、教师、军人（具体分布见表2-7），对象选择的职业结构与青年的职业分布相当。

三　基本情况

德育可分为广义德育和狭义上的学校德育。当前所主张的德育是指有计划、有目的地对受教育对象施加道德、政治思想和法制等方面的影响，进而影响对象的认识和实践活动。当今德育范围大、涵盖面广，这使原有德育手段越来越难以发挥效果，同时德育内涵的侧重也出现了失衡的情况，传统道德方面相对弱化。这种弱化体现在传统学校教育的知识灌输应试教育不断增强，传统道德等素质教育被忽视。社会方面，随着市场经济的发展，受到逐利思想影响，更加重视法律警戒线而忽视道德的约束。在这种情况下，作为人生价值观、道德观尚未完全确立的青年，更容易受到影响和动摇。我们将从传统个人道德即私德、社会公德和当前德育变化三个方面进行概括解读。

（一）传统个人道德：孝道、个人义利观

关于"孝"的调查中："您认为当前关于'孝'哪一项最重要"，各个年龄层次都着重选择了"关心父母的生活"和"用自己的成功回报父母的养育之恩"。除18岁以下外，各分组均将"关心父母的生活"作为首选，各组比例均超50%。18—29岁青年则分别有51.2%和39%的比例选择这两项。在首要选项"关心父母生活"上可以看出较明显的随年龄比例上升的趋势，18岁以下为37.8%、18—29岁为51.2%、30—39岁为58.6%、40—49岁为50.8%、50—59岁为53.3%、60岁及以上为72.2%。可见随着年龄和角色的转变，"关心父母生活"成了越来越重要的选项，年龄较小的人也会从"用成功回报父母"选项上有所转变。在另一问题"您认为家庭对于孩子道德品质形成有影响吗"中，18—29岁青年认为"非常大"和"比较大"的分别为61%和25%，合计86%，占了绝大多数。综上我们可以看出，"孝道"是一个会受到年龄影响的观念，用"成功回报父母"的思想多出现于青少年，这与学校当前的功利性导向的教育和家庭期望是分不开的。同样通过上述的分析可以看出，孝道作为传统道德极为重要的一部分，不仅是青年所重视的，同样可以反作用于青年，青年对"孝"的重视折射出的是父母和家庭对青年的重大影响。就传统道德观的家庭孝道继承而言，青年虽然存在自我发展角度的功利色彩成分，但其核心的对父母的关爱与回报的念头则始终保持。

表2-8-1　　　不同年龄段公民对"孝"的理解（%）（2016年）

年龄	关心父母的生活	用自己的成功回报父母的养育之恩	传宗接代，延续香火	与父母生活在一起或尽可能住得近一些	完全服从父母的意见	按自己的意见行事，但不与父母当面顶撞	合计
18岁以下	37.8	47.3	8.1	4.0	2.0	0.7	100.0
18—29岁	51.2	39.0	3.3	1.6	4.0	0.9	100.0
30—39岁	58.6	28.7	6.4	1.2	2.4	2.8	100.0
40—49岁	50.8	34.4	4.1	4.9	4.9	0.8	100.0
50—59岁	53.3	33.3	1.7	5.0	3.3	3.3	100.0
60岁以上	72.2	11.1	5.6	5.6	5.6	0	100.0

表 2-8-2　　不同年龄段公民对"孝"的理解（%）（2011 年）

年龄	关心父母的生活	用自己的成功回报父母的养育之恩	传宗接代，延续香火	与父母生活在一起或尽可能住得近一些	完全服从父母的意见	按自己的意见行事，但不与父母当面顶撞	说不清	合计
18 岁以下	33.8	57.4	0	1.5	1.5	2.9	2.9	100.0
18—29 岁	38.5	46.0	0.8	7.2	0.8	5.5	1.3	100.0
30—39 岁	41.6	38.6	1.5	7.6	2.5	6.1	2.0	100.0
40—49 岁	44.9	35.5	1.4	10.9	0	5.1	2.2	100.0
50—59 岁	53.2	29.8	0	8.5	4.3	4.3	0	100.0
60 岁以上	35.0	30.0	15.0	0	10.0	5.0	5.0	100.0

义利之辩是我国自古以来个人道德绕不开的话题，虽然当今西方个人主义思潮在国内有所影响，但是重义轻利、舍私利为大义的集体主义倾向仍然是符合当前社会主义建设和中国传统德育的核心思想。随着社会主义市场经济的建立，与之相关的一些西方个人价值和个人主义思想在中国出现，我们需要对现状有所了解。从表 2-9 来看，关于集体利益与个人利益问题，当两者相冲突时，有 72.6%的人选择"先考虑集体利益，再考虑个人利益"，另有 9.8%的人坚持"无条件服从集体利益"。可见，在青年群体中集体主义以多数人为重的认知保持着主流地位。在兼顾个人利益与集体利益的前提下，对集体利益的重要性有着较为充分的认知。但调查也发现，有高达 14.7%的人选择"先考虑个人利益再考虑集体利益"，也有 2.9%的人选择"无论如何先考虑个人利益"。这一数据对比反映了个人主义在社会的传播，确实在一定程度上动摇了社会主义集体价值观。在访谈中，还出现区分不清个人利益和集体利益的情况，将公权力和个体私利混为一谈。这些都体现了当代海南青年在义利关系上的选择模糊和困难，在能否明确区分大义和私立上仍存在问题。

表 2-9　　　　年龄与个人利益与集体利益发生冲突的选择

年龄	如果个人利益与集体利益发生冲突,您认为应该怎么办?				合计
	无条件服从集体利益	先考虑集体利益,再考虑个人利益	先考虑个人利益,再考虑集体利益	不管如何,先考虑个人利益	
18 岁以下	12（8.1%）	104（70.3%）	24（16.2%）	8（5.4%）	148
18—29 岁	54（9.8%）	400（72.6%）	81（14.7%）	16（2.9%）	551
30—39 岁	46（18.3%）	166（66.1%）	31（12.3%）	8（3.1%）	251
40—49 岁	31（25.4%）	75（61.5%）	12（9.8%）	4（3.3%）	122
50—59 岁	16（26.7%）	41（68.3%）	1（1.7%）	2（3.3%）	60
60 岁以上	11（61.1%）	6（33.3%）	0	1（5.6%）	18
合计	170（14.8%）	792（68.9%）	149（13%）	39（3.4%）	1150

(二) 社会公共道德

我国当前社会公德主要为文明礼貌、助人为乐、爱护公物、遵纪守法、保护环境以及公共领域秩序等方面。从"您认为社会公德最重要的内容"上可以看出,选择"在公共场所遵守秩序"为 56.8%,其他选项均有人选取,并有很多人在采访中表示题中选项都很重要,这表明青年群体对于遵守社会公德方面有着相当明确的认识。但是"您认为市民对待诸如公共电话、健身器材等公共设施的态度"中,18—29 岁青年选择最多的是"不太爱护",比例为 36.1%,而在总体数据中,"不太爱护"的选项比例仍然最高,为 32.2%。这说明青年对于社会公共道德的认识和实践出现了相脱离的情况,在认识明确清晰的情况下,青年并不能够将社会公共道德思想内化于心、外化于行。这种认识和实践的脱节与当前青年德育方式有着不可分割的联系。

"网络社会"生活是一种特殊的社会生活,网络领域的特殊性使"网络社会"生活中的道德具有不同于现实社会公共道德的特点。当前网络领域由于其自由、复杂、信息化等特点,现实社会的道德、法律等强制力的约束方式在"网络社会"中变成了信息的存在方式,不再具有现实世界的约束力,仅能在一定程度上影响人的认识和行为。

因此,作为网民中的多数且最活跃的青年群体,极易出现言行放纵、道德失范、价值观模糊等问题。

表 2-10　　年龄与对社会公德最重要的内容选择的相关性

年龄	在公共场所遵守秩序	为他人提供方便	不影响他人	讲究公共卫生	爱护公物	其他	合计(人)
18岁以下	81(54.7%)	11(7.4%)	16(10.8%)	27(18.2%)	11(7.4%)	2(1.4%)	148
18—29岁	313(56.8%)	41(7.4%)	72(13.1%)	94(17.1%)	22(4%)	9(1.6%)	551
30—39岁	121(48.2%)	41(16.3%)	34(13.5%)	44(17.5%)	9(3.6%)	2(0.8%)	251
40—49岁	61(50%)	17(13.9%)	10(8.2%)	28(22.9%)	4(3.3%)	2(1.6%)	122
50—59岁	39(65%)	4(6.7%)	3(5%)	9(15%)	5(8.3%)	0	60
60岁以上	7(38.9%)	0	1(5.6%)	8(44.4%)	2(11.1%)	0	18
合计	622(54.1%)	114(9.9%)	136(11.8%)	210(18.3%)	53(4.6%)	15(1.3%)	1150

表 2-11　　年龄与公民对待公共设施的态度相关性

年龄	很爱护	比较爱护	不太爱护	很不爱护	不清楚	合计(人)
18岁以下	29(19.6%)	40(27%)	52(35.1%)	10(6.8%)	17(11.5%)	148
18—29岁	70(12.7%)	158(28.7%)	199(36.1%)	32(5.8%)	92(16.7%)	551
30—39岁	45(17.9%)	67(26.7%)	78(31.1%)	23(9.2%)	38(15.1%)	251
40—49岁	42(34.4%)	34(27.9%)	22(18%)	8(6.6%)	16(13.1%)	122
50—59岁	23(38.3%)	22(36.7%)	10(16.7%)	4(6.7%)	1(1.7%)	60
60岁以上	5(27.8%)	2(11.1%)	9(50%)	1(5.6%)	1(5.6%)	18
合计	214(18.6%)	323(28.1%)	370(32.2%)	78(6.8%)	165(14.3%)	1150

在"您认为当前网民的网络道德素质怎么样"问题中,18—29岁青年有63.3%选择了"一般",而在总体数据中"一般"选项仍然以59.8%高居首位。而认为网络素质"很好"和"比较好"的数据之和,在青年与总体数据中分别为19.6%和23.7%,这一数据充分反映了当前海南网络道德素质状况并不令人满意。在"您注意使用网络文明用语吗"可以看出,18—29岁青年有53.2%选择"偶尔注意",仅有39%选择"非常注意","从不注意"为5.8%,"从不上网"为2%。从这一组数据可以看出,虽然有39%的青年时刻注意自身的网络道德素质,但是更多数的则处于"偶尔"或者"从不"这种言行不当极易道德失范的情况下。在"网络社会"公共道德上,对网络公共道德的遵守更多地呈现为自发自觉、自主性的特点。网络是人们自主自愿建立起来的,人们必须确定自己要干什么,自发地"自己对自己负责",网络的形成、发展以及网络秩序的建立都来源于人的自觉、自主性。传统的以学校和家庭为主导的德育方式有赖于实际生活的依托,而在"网络社会"中,家庭和学校在失去依赖后所发挥的作用变得与其他信息的影响接近甚至更弱。因此,面对海南青年在"网络社会"中所体现的道德失范等问题,我们必须应对当前实际情况,对原有的传统德育方式进行调整。

表2-12 年龄与当前网民的网络道德素质评价相关性

年龄	很好	比较好	一般	比较差	很差	合计（人）
18岁以下	16（10.8%）	22（14.9%）	74（50%）	24（16.2%）	12（8.1%）	148
18—29岁	36（6.5%）	72（13.1%）	349（63.3%）	72（13.1%）	22（4%）	551
30—39岁	19（7.6%）	45（17.9%）	151（60.1%）	29（15.5%）	7（2.8%）	251
40—49岁	20（16.4%）	15（12.3%）	71（58.2%）	12（9.8%）	4（3.3%）	122
50—59岁	10（16.7%）	11（18.3%）	33（55%）	5（8.3%）	1（1.7%）	60
60岁以上	5（7.8%）	1（5.6%）	10（55.6%）	2（11.1%）	0	18

表 2-13　　　　　年龄与注意使用网络文明用语的相关性

年龄	您注意使用网络文明用语吗？				合计（人）
	非常注意	偶尔注意	从不注意	从不上网	
18 岁以下	59（39.9%）	76（51.3%）	8（5.4%）	5（3.4%）	148
18—29 岁	215（39%）	29（53.2%）	32（5.8%）	11（2%）	551
30—39 岁	109（43.4%）	122（48.6%）	11（4.4%）	9（3.6%）	251
40—49 岁	56（45.95）	40（32.8%）	15（12.3%）	11（9%）	122
50—59 岁	26（43.3%）	17（28.3%）	3（5%）	14（23.3%）	60
60 岁以上	11（61.1%）	5（27.8%）	1（5.65）	1（5.6%）	18
合计	476（41.45）	553（18.1%）	70（6.1%）	51（4.4%）	1150

四　原因分析

从现状中我们不难看出，青年群体中出现了对传统道德价值认识回归、对集体主义观念动摇、网络道德失范等问题。近年来，道德教育的重要性日益被我们所认同，我国从上到下不断宣传中华传统美德也有一定成效，但是德育的发展却举步维艰，原有的青年德育出现了新的变化。通过"您认为海南公民道德问题产生的主要原因是什么"可以看出，当今道德问题领域产生的主要问题变成了"社会环境的影响"，而不是过去所认为的"道德教育乏力"或者"制度、法制不健全"等。这一问题实际表明了传统道德教育的主体和方式出现了问题。随着当今社会和经济的不断发展，原有作为教育主体的家庭、学校环境以外的社会对青年生活和道德素质的影响发挥了更大的作用，原有的家庭和学校因为自身和外部社会的变化，德育主体中发挥主要作用的部分已经由学校、家庭转移到了社会。问题的产生，离不开时代、社会、家庭、学校等客观因素影响，也离不开德育方式和德育主体在价值选择中的作用。

（一）当今时代催生的多元价值影响

有人说，时代是属于青年的，青年以其独特的价值方式承担着时代的精神。同样地，时代也影响着青年品格的形成，什么样的时代就会有什么样的青年。从1988年设省到2010年海南国际旅游岛建设政策的出台，再到2016年，海南经过了28年的飞速发展，随着中国的飞速发展，海南省的社会环境也发生了巨大的变化。经济全球化席卷全国，市场经济本身的平等性、竞争性、开放性决定了人们思想道德领域受到影响的必然性。随着中国发展，海南岛原有相对独立封闭的环境被打破，海南旅游岛的政策、内陆地区蜂拥而来的人潮、其他国家的商人、游客、留学生等都改变了海南社会的现状。其次，在经济全球化的作用下，西方各种政治制度、社会风气、价值观念蜂拥而至，致使原本传统单一的价值观向多元化转变。不容忽视的是，在中西方现代文明融合发展的同时，西方社会拜金主义、享乐主义、怀疑主义等思潮也渗透到了我们的日常生活中。在这个时代背景下，青年的价值选择就具有多样性和复杂性。

（二）道德教育主体的不断失衡

随着人们最基本生活方式以及环境的转变，道德教育主体中社会所占的比重越来越大，而学校、家庭所发挥的作用和影响则越来越小，这也是受到客观环境变化影响的。在社会飞速发展的过程中，学校的发展受其他因素影响难以跟上飞速发展的时代，因此受到国家大形势的影响，学校传统的"育人育德，德才兼备"的理念变成为实现个体竞争的功利化、效率化模式下的知识灌输，就连原有的德育也异化成了衡量指标的"思想品德课"。纵观家庭教育，相对于传统文化中对后代的全方面素质教育，当今家庭教育的主流思想已经变成"功利化教育"和"应试教育"下的唯分数论，只要考试考得好就是"好孩子"，家庭教育也变成以功利化发展为核心教育主体，加上独生子女问题，孩子变成"小皇帝"，德育功能大大削弱，而部分保有传统教育方式的家庭却又因为所传授的道德理念与社会现实的冲突难以形成较大影响。与学校、家庭不同的是，社会是个体生活发展的主要环境，随着我国的飞速发展，社会的各个方面都实现了巨大的进步，但是同样随着市场经济的不断发展，社会开始提倡效率和发展，对人们的引导越来越多地体现为竞争和功利色彩，这些都对学校、家庭和个人产生了道德思想方面的引导。加上社会领域多元丰富，在人群中的影响范围越来越大，尤其是网络的飞速发展，对下至幼儿、上至退休老人都有巨大的影响，更不用说作为网民主体的青年。社会环境的道德教育主体地位越来越高于学校和家庭。

(三) 德育对象的主体受忽视

教育者与受教育者是教育活动的双主体，德育主体的价值认同直接影响到德育目标的实现。长期以来，学校德育存在着一个致命的盲点，即缺乏对教育对象起码的了解以及基于理解、平等、宽容基础上的价值尊重。德育过程中对于教育主体意志的忽视，以及单项灌输的教育方式使德育逐渐走向空洞乏味。另外，德育主体本身生活在纷繁复杂的社会中。作为受教育者的青年自我意识、人格、人生价值观等尚未完全成熟或形成，对于各种价值观和思想的评判、选择、吸收直至外化为行为，都是有着各种变数和困惑的。面对各种因素的影响，尤其是在当今学校德育主体地位远不如社会的作用更大的时候，青年主体产生价值选择的混乱和多样化是必然的。

(四) 德育方式方法存在问题

传统德育方法多以学校和家庭为主体，经常存在下列问题：以"灌输"现成结论与传授道德知识为主，忽视了对青年基本道德品质的培养，忽视了青年的主体性和德育实践活动，忽视了青年品德发展的特点；学校道德教育评价过分注重文本的考试；德育方法中形式主义表现严重，体罚型教育方式的普遍存在性，灌输教育方式仍占主导地位，德育创新方法比较贫乏；重灌输、轻引导，重外炼、轻内化，重正面教育、轻反面教育，重共性、轻个性，重显性教育、轻隐性教育；品德评价重质轻量；等等。传统德育所存在的认识偏颇同样局限了德育本身。面对当今社会在各个方面的影响力和渗透力，一味无视社会在媒体、娱乐等领域所存在的心理引导、环境陶冶等社会德育等方式方法，只会在固有的观念使德育变得更为僵化。

五 对策建议

时代的变迁对青年道德的影响是深刻的,随着社会的快速变革发展和信息时代的日新月异,青年的成长环境发生了很大的变化,尤其是社会环境对青年的思想、行为产生的影响和作用越来越大。面对社会的变迁和环境的复杂多样,青年德育出现的传统与现代的摩擦对道德教育的德育主体、德育方法提出了新的要求。

(一) 把握德育定位的科学性

青年对在德育中接受的道德准则、道德规范,有着较强的认同感,但实践能力弱,缺乏进取精神,就出现了知行脱节的现象,甚至在社会行为中屡屡遭挫。大家都希望建立一个团结互助友爱的家庭,但是日常生活中却以自我为中心,这种理论与现实相脱离的情况,充分反映了在社会经济体制转型期青年的复杂心态,说明了当代青年存在较为严重的道德认知与行为道德之间的脱节。如何在理想与现实中寻找平衡点,关键是德育定位。海南的德育建设也要把握科学合理的德育定位。

(二) 合理分配德育主体的任务

随着社会的进步,德育并非仅仅只是学校的任务。学校的道德教育是有限的。尽管它在道德教育中有系统性、针对性,但是学校德育的效果毕竟有限。我们在研究该题"您认为海南公民道德问题产生的主要原因是什么"时可以看出,当今道德问题产生的主要问题变成了"社会环境的影响",占53.1%,而不是过去所认为的"道德教育乏力"或者"制度、法制不健全"等。在接受学校道德教育的同时,社会的发展在不断地影响着青年的德育观,在这样开放的社会状态下,必须认识到学校道德教育并非万能,它需要在健康的社会道德环境中才能更有效地发挥作用。所以,健康的社会道德环境是现如今培养青年德育的重要因素,而这一责任是传统学校和家庭无法独立承担的。那么在当今复杂的社会背景和多元的价值观并存的情况下,政府应积极发挥构建健康社会德育环境的责任主体的作用,积极制定各项政策，倡导社会主义核心价值观，同时需要学校、家庭及社区等合力。

（三）注重德育方法的时效性

道德教育需要有健康的环境，同时也要注重方法的时效性。根据海南青年德育状况的变化，德育方法要进行相应的调整和改善。第一，加强网络道德教育。网络是一个虚拟的社会空间，如今网络已成为青年获取各种知识和认识的非常重要的渠道，但由于条件等方面的限制，网络失范行为屡屡发生，要约束自身的网络行为，还要对青年进行有效的心理引导，学会对网络信息进行有效过滤，文明网络用语，营造健康的网络文化。第二，反复教育。青年的价值取向容易受多元的社会价值观影响，道德认知不成熟，很容易被不良的因素影响。需对青年进行反复的道德教育，形成稳固的道德认知。第三，加强主体教育。通常道德教育中的"灌输式"教育效果并不显著，甚至导致理论与现实相脱节的情况，需进行主体性教育，让青年在接受教育时将客体变为主体，鼓励他们参与各种活动，培养综合素质，教育者进行积极引导，不断寻找理想和现实的制衡点。

六 结语

道德建设是一个长期的过程，青年的德育现状是过去十几年来家庭教育功能消退、学校道德教育忽视、社会道德实践缺失所造成的。在新形式下对青年道德教育的引导，更要侧重于社会环境带来的影响，警惕网络时代的负面因素以及多元文化价值观的无形渗透，形成家庭、学校、社会三位一体的德育模式。就海南的当前情况来看，构建健康社会道德环境，引导青年树立社会主义核心价值观是其重点，此举将有利于海南发展和文明社会建设。

（王怡馨、张睿波）

分报告之三 海南公民家庭道德发展状况分析

家庭是影响个体成长重要的微观环境,个体自身素质的发展在一定程度上与其家庭教育有关。家庭教育指"父母或家庭成员中的长辈亲族根据一定的社会发展要求和自身的期望有意地通过言传身教和家庭生活实践,对孩子施加有影响的活动"。家庭教育对孩子的影响往往主要体现在对孩子性格、人品、道德素质等各个方面的影响。本节主要以家庭教育为切入点,调查海南省当前公民家庭教育与家庭成员的道德素质形成的关联性。

近年来,家庭教育因其特有的教育优势越来越受到教育者的重视。在思想政治教育方略中,家庭教育和学校教育、社会教育等被列为思想政治教育的重要阵地。尤其是在《中共中央国务院关于进一步加强和改造未成年人思想道德建设的若干意见》中,亦将家庭教育作为加强未成年人思想道德建设的重要内容。

在公民道德素质建设中,家庭教育起着重要的作用,同时亦发挥了显著的效果。然而随着社会生活方式的变迁和人们价值观念的改变,尤其是受功利主义思潮和其他多元价值观的冲击,家庭教育面临着诸多挑战,而由此带来的是因个体成员的道德素质所引发的一系列社会问题也日益突出。

对比五年前海南公民整体道德素质的发展状况,尤其是家庭教育和家庭道德的发展状况,可发现当下我国公民整体的道德素质发展水平有了明显提高,家庭教育工作和公民的家庭道德素质培养取得了很大成绩。但是,目前仍有很多家庭没有引起对家庭教育的高度关注,因此,在很大程度上忽略了对家庭成员道德素质等的培养。而原因在于很多父母长辈对于家庭教育没有清晰理性的认识,父母往往更倾向于注重孩子的学习成绩而忽略对孩子性格或思想素质等其他方面的发展。

为了形成与五年前海南省公民道德素质发展水平状况的对比，以期进一步了解自国际旅游岛战略实施以来海南公民包括家庭美德在内的整体道德素质的发展状况，以期有效推动海南省公民道德素质的建设，由海南大学马克思主义学院组建的"海南省公民道德建设实践调查团"从2016年7月6日到7月15日对海口、文昌、澄迈、陵水、三亚等11个市县展开了问卷调查和实地访谈。主要围绕以下几个问题："在有关家庭的道德中，最重要的一点是什么？""家庭对孩子品质的形成有影响吗？"现将调查中有关家庭教育方面的有关情况进行整理和分析，内容如下。

一 问卷设计

本次调查一共发放问卷1200份，实际回收问卷1150份，其中有效问卷1150份，有效回收率95.83%。

从性别上看，男性525人，占45.7%；女性625人，占54.3%；其中已婚占46.3%。

从年龄上看，18—29岁的人数最多，占总数的47.9%；其次是30—39岁的年龄段人数，占总数的21.8%；人数最少的是60岁以上的群体，占总数的1.6%。

从受教育程度看，初中以下学历的有323人，占28.1%；高中、职高、中专学历的有427人，占37.1%；大专有205人，占17.8%；本科生有178人，占15.5%；研究生有17人，占1.5%。

从职业分布看，学生群体人数有259人，占22.5%；其他职业有262人，占22.8%；紧随其后的是个体户群体，有258人，占22.4%。

从整体上来说，较之于五年前相关的调查数据，此次调查样本更大，且调查的地区遍及全省各个市县，因此更具真实性。

二 基本情况

(一) 公民家庭状况对形成个体道德品质影响的情况分析

公民的家庭状况对个体道德品质的影响主要是指公民的家庭观对家庭成员在成长过程中所发挥的潜移默化的影响。家庭观指个人对家庭事务所持有的基本观点、态度或信念，也是一个评价家庭意义与目的及理想家庭的标准，并影响着个人经营家庭生活与家庭相关事务的决定。所以凡是与父母关系、夫妻关系、亲子关系、亲属关系及其他家庭或婚姻事务相关的观点、态度以及信念，都属于家庭观的范畴。

公民家庭状况是一个动态的发展过程，家庭观亦是随着社会生活的变化而不断地发生改变。将此次关于海南省公民家庭状况尤其是公民家庭道德的发展情况与五年前的相关调查结果对比，发现了在海南省公民家庭道德建设中，家庭对子女道德品质的影响仍是最为深远持久的，且一个家庭的婚姻状况如何对该家庭子女的道德品质也是十分重要的。此外，在公民家庭道德建设这方面，由于面临着新形势，亦产生了诸多的新情况、新问题。具体调查情况发现如下。

1. 家庭对子女道德品质的影响仍获得广泛的认同

通过对问卷结果的分析，比较于五年前海南公民道德素质发展的相关调查数据，我们发现，在家庭对子女道德品质形成的影响仍是获得众多人士的广泛认可的。五年前的问卷相关数据显示，在"您认为家庭对孩子道德品质的形成有影响吗"的问答中，1000名受访者中选择"非常大"和"比较大"的比例之和为90.3%，而在此次调查的1150名受访者中，选择"非常大"和"比较大"的比例之和为90.6%，由此可发现，受访者对于家庭对孩子道德品质的影响仍是持肯定态度的，民众仍普遍认为家庭对子女道德品质的影响是最大的。具体数据参见表2-14-1和表2-14-2。

表 2-14-1　　2016 年海南省公民关于"家庭对孩子道德品质影响度"的认同度（%）

影响度	人数（人）	百分比（%）
非常大	786	68.3
比较大	257	22.3
一般	86	7.5
比较小	11	1.0
很小	10	0.9
合计	1150	100.0

表 2-14-2　　2011 年海南省公民关于"家庭对孩子道德品质影响度"的认同度（%）

影响度	人数（人）	百分比（%）
非常大	633	63.3
比较大	270	27.0
一般	67	6.7
比较小	12	1.2
很小	6	0.6
说不清	12	1.2
合计	1000	100.0

在本题的调查中，选择"一般"的比例为 7.5%，"比较小"和"很小"的比例之和为 1.9%。从调查数据可以看出：绝大多数人认同家庭对子女道德品质形成有非常大或是比较大的影响，只有少数人认为家庭对子女道德品质形成影响比较小或很小。这一结果亦说明了家庭对子女的成长有着重要的作用，家庭教育在很大程度上塑造了孩子的性格特征，进而影响其道德素质的发展。虽然现代社会有着多元化的教育手段和教育环境，但是家庭对孩子的成长影响始终是最为深远持久的。个体首要接触的环境就是家庭环境，个体的性格特质及道德品质等各方面的素养必定会深受其家庭环境的影响，且家庭环境对

其产生的影响是终生的。因此，若想培育出具有优秀品质的子女，若想提高整个公民的道德素质发展水平，必须重视家庭这一环境的教育影响。

然而，当前我国的留守儿童问题也日益突出，而由此问题又滋生了诸多的道德问题甚至是社会问题，使社会诸多矛盾交织，进而阻碍了和谐社会的发展。根据新闻报道，在2015年6月9日晚，在贵州省毕节市七星关区田坎乡茨竹包村发生了一起典型的留守儿童惨剧。一张姓家庭的四名留守儿童喝农药自杀。四名自杀的儿童中，年龄最大的哥哥张启刚年仅14岁，其余三个妹妹的年龄分别为10岁、8岁和5岁。据有关部门和记者的调查，四名自杀儿童的父亲是初中文化水平，外出到广东某地打工之后，家人始终与其联系不上，四名自杀儿童的母亲则在2013年2月离家出走。留守儿童因为父母长期不在身边照顾教导，心理承受能力大多比较脆弱，当在生活中遇到挫折又无处倾诉和解决时容易走上极端的道路。留守儿童惨剧的发生从表面上看仅仅只是摧毁了一个家庭，但若是千万个留守儿童的家庭都发生诸如此类的惨剧，那么政府在民众心中的公信力将会骤然下降，也将会由此滋生一系列的社会问题，而这势必会动摇社会和谐发展的根基。

由此可见，留守儿童的问题必须引起社会的高度重视，此外，也必须通过社会多方合力解决好留守儿童的家庭问题。也只有把此类问题解决好，把握好家庭这一微观环境的主阵地，通过家庭对个体的影响，才能进一步提升全体公民的道德素质，才能发挥道德杠杆的隐形助力，进而推动社会的和谐发展。

2. 婚姻状况对孩子道德品质的形成呈现正相关关系

2011年关于"家庭婚姻状况对孩子道德品质的形成影响"的调查数据中，"已婚""未婚""离异"的受访者在认为家庭对孩子道德品质影响度一题中，选择"非常大"和"比较大"的比例之和分别是90.7%、90%、87.5%，认为家庭对孩子道德品质影响度"一般"的比例分别为5.8%、7.4%、12.5%。而此次调查数据显示，"已婚""未婚""离异"人士认为家庭对孩子道德品质影响"非常大"和

"比较大"的比例之和分别是91.5%、90.1%、83.3%，认为家庭对孩子道德品质影响"一般"的比例分别是6.9%、7.8%、16.7%。此次具体数据如表2-15所示。

表2-15 婚姻状况和家庭对孩子道德品质影响度（2016年）（%）

婚姻状况	态度					合计
	非常大	比较大	一般	比较小	很小	
已婚	73.3	18.2	6.9	0.8	0.8	100.0
未婚	63.8	26.3	7.8	1.2	0.9	100.0
离异	75.0	8.3	16.7	0	0	100.0

由此可见，无论是2016年还是2011年，公民家庭的婚姻状况对孩子道德品质的影响仍是呈现出正相关的关系。主要体现为越是婚姻状况幸福美满的已婚家庭对孩子道德品质的影响越大，反之则越小。越是婚姻状况美满的成年人越是认可家庭对孩子道德品质的影响很重要。究其原因，在于婚姻状况幸福美满的已婚家庭其家庭责任感较强，更重视对孩子各方面品质的教育。而未婚群体由于没有组建家庭和生儿育女，其家庭责任感稍显淡薄，但因其在成长过程中受到自身父母的家庭教育，亦能认可家庭对孩子道德品质的形成会有所影响。"离异"的群体由于诸多原因导致家庭破裂，相比之下，他们认为家庭对孩子道德品质形成虽然有所影响但并不是绝对的。所以，不同的婚姻状况密切关乎孩子道德品质的形成，和谐幸福的婚姻、家庭的经营是十分重要的。

3. 家长的职业素养影响着孩子道德品质的发展

通过数据分析发现，不同职业的公众都认同家庭对孩子道德品质的形成发挥着重要作用。表2-16-1的数据显示，在1150名受访者中，党政机关人士认为家庭对孩子道德品质的形成影响"非常大"和"比较大"的比例之和是87.8%；其次在教师这一行业的受访人士中，家庭对孩子道德品质的形成影响"非常大"和"比较大"的比例之和则为91.1%。由此可见，这两大职业的人员因其接受良好的教育背景熏陶，自身各方面素质较高，故普遍认为家庭对孩子道德品质的形成影响很大，会相对注重家庭对子女的教育。

表 2-16-1　2016 年职业与家庭对孩子道德品质影响程度的相关性（%）

职业	非常大	比较大	一般	比较小	很小	合计
党政机关人员	66.2	21.6	9.4	1.4	1.4	100.0
教师	68.9	22.2	8.9	0	0	100.0
军人	45.4	36.4	18.2	0	0	100.0
学生	62.9	29.3	5.5	1.5	0.8	100.0
个体户	74.8	18.99	5.81	0	0.4	100.0
工人	65.1	17.1	14.4	2.1	1.3	100.0
农民	57.8	25.3	11.6	2.1	3.2	100.0
其他	74.4	20.2	4.6	0.4	0.4	100.0

表 2-16-2　2011 年职业与家庭对孩子道德品质影响程度的相关性（%）

职业	非常大	比较大	一般	比较小	很小	说不清	合计
党政机关人员	76.4	19.7	2.4	0	1.6	0	100.0
教师	70.4	23.9	4.2	1.4	0	0	100.0
军人	38.9	38.9	11.1	11.1	0	0	100.0
学生	64.4	29.2	5.0	0.5	0.5	0.5	100.0
个体户	61.6	28.0	8.5	1.2	0	0.6	100.0
工人	49.2	33.9	11.0	1.7	0	4.2	100.0
农民	48.3	29.3	17.2	1.7	3.4	0	100.0
其他	67.1	24.0	4.9	1.3	0.4	2.2	100.0

值得注意的是，将 2016 年关于"职业与家庭对孩子道德品质影响程度的相关性"的调查数据与 2011 年的调查数据进行对比可发现，工人与农民这两大职业的群体越来越重视家庭对孩子道德品质教育的影响。2011 年的数据显示（见表 2-16-2），在工人与农民这两大职

业的家庭中，认为家庭对孩子道德品质影响程度"非常大"的比例为49.2%和48.3%，而在2016年的调查数据中显示，工人和农民这两大职业的群体认为家庭对孩子道德品质影响程度"非常大"的比例为65.1%和57.8%。由此可见，工人和农民群体的家庭虽然受教育程度有限，但是对孩子的家庭教育意识较以往有了显著的提升，这也说明家庭这一微观教育环境对孩子道德品质的影响是十分重要的，我们必须把握好家庭这一重要教育阵地。

家长自身素养在很大程度上影响着其对孩子的教育方式，而这些教育方式很大程度上深刻影响着孩子早期的品德形成。有些家长不讲究教育方式，甚至不注重对孩子各方面素养的培养方式，对孩子的思想观念及学习成长情况缺乏深入了解，甚至难以给予应有的指导，久而久之就使孩子在思想观念、个性气质、责任意识的形成发展过程中产生诸多问题，进而影响了孩子各方面素质的发展。然而，家长对孩子的教育方式与沟通方式除了与其接受的教育程度有关外，还与其职业素养密切相关。如果该家长的职业素养较高，其大多必定是接受过良好教育的熏陶，有着开明的思想观念及较高的理性认识能力，且这些家长们在平时生活中往往会通过其言传身教将自身的思想观念和思想认识向孩子输出，而这势必影响到孩子的性格品质和道德品质等的形成。

（二）关于海南公民家庭美德发展情况的分析

家庭美德指人们在家庭生活中用以调整家庭成员间的关系、处理家庭问题时所遵循的一系列的高尚的道德规范。家庭美德观的涵盖范畴十分广泛，其主要内容包括尊老爱幼、男女平等、夫妻和睦、邻里和睦、勤俭持家等内容。家庭美德的传承与当下弘扬的社会主义核心价值观密切相关。在2015年春节团拜会上，习近平总书记在讲话中明确指出："要重视家庭建设，注重家庭、家教，注重家风，紧密结合培育和弘扬社会主义核心价值观，发扬光大中华民族传统家庭美德，促进家庭和睦，促进亲人相亲相爱，促进下一代健康成长，促进老年人老有所养，使千千万万个家庭成为国家发展、民族进步、社会和谐的重要基点。"可见,家庭美德建设是当下社会发展高度关注的问题之一。此外,探究当下海南省公民对家庭美德的理解认识情况,对推进国际旅游岛建设战略下的海南这一地区的和谐发展与社会进步具有重要的意义。此次关于海南省公民家庭美德观的具体调查情况如下。

1. 婚姻状况不同对家庭道德观理解亦不同

婚姻是组建家庭的桥梁,而婚姻的幸福与否影响着家庭的道德建设,进而影响整个家庭成员的道德素质发展。通过调查发现,在"有关家庭的道德中,最重要的一点是什么"的调查中,由于受访者的婚姻状况不同,其对家庭道德的理解亦不同。表2-17的数据显示,在已婚群体的受访者中,有21.1%的人选择了"关心爱护后代",29.8%的人选择了"夫妻和睦",有43.3%的人选择了"尊重长辈";而未婚群体中由于未组建家庭,因此对于"关心爱护后代""夫妻和睦"的观念没有深刻的理解,但因为其成长过程中大多都感受到了父母亲族长辈的关爱,所以有接近58.0%的人倾向于选择"尊重长辈"。此外,受访者中的离异家庭由于婚姻破裂,对于"关爱后代"和"夫妻和睦"没有更深刻的感触,因此,这一群体中有41.6%的人认为"尊重长辈"是家庭道德教育最首要的。然而在数据显示中,没有一个群体把"邻里和睦"作为最重要的家庭道德教育来看待,虽然离异群体中有25%的人倾向于选择"邻里和睦"这一选项,但这并不是这一群体对于家庭道德教育的首要选择。由此可见,民众们对家庭道德教育还大多停留在"一家一户"的"自家"教育层面上,并没有深刻意识到"邻里和睦"和"其他"方面的内容也是构成家庭道德教育的重要内容。家庭道德教育不只是"一家一户"的单独式教育,而是应该包含更广泛的内容。"邻里和睦"在很大程度上会影响到各家庭之间的相处是否和谐。如果邻里关系不和谐,那么各家庭间的关系想必也是不太和谐,如果各家庭之间彼此不和睦,那么和谐社区又该如何营造呢?俗语云"远亲不如近邻",若是把邻里关系处好,不仅会对各家庭的和谐大有裨益,更会推进和谐社区的建设,乃至和谐社会的建设。

表 2-17　婚姻状况与家庭道德重要内容看法的相关性（单位：%）

婚姻状况	关心爱护后代	夫妻和睦	尊重长辈	邻里和睦	其他	合计
已婚	21.1	29.8	43.3	4.5	1.3	100.0
未婚	12.4	20.8	58.0	6.5	2.3	100.0
离异	16.7	16.7	41.6	25.0	0	100.0

2. 家庭责任意识强；"和孝"仍是家庭美德的主旋律

家庭作为个体接受道德教育的第一所学校，对个体的世界观、人生观和价值观的形成，是其他教育无法替代的。中国人历来重视营造和谐的家庭氛围，"家和万事兴"等谚语就是对"和"的美德观的贴切形容。在此次调查问卷的第 15 小题中，在问到"有关家庭的道德中，最重要的一点是什么"，如表 2-18 的数据显示，在"关心爱护后代""夫妻和睦""尊重长辈""邻里和睦""其他"这几个选项中，有 51.0% 的人选择了"尊重长辈"；25.0% 的人选择了"夫妻和睦"；16.4% 的人选择了"关心爱护后代"；5.7% 的人选择了"邻里和睦"。此组数据表明，当前在众多家庭中，众多公众的家庭责任意识是十分高的。且把"尊重长辈"列为首位，可知公众们对传统的家庭美德即"孝"的观念深刻于心，而无论是选择"夫妻和睦"或是选择"邻里和睦"的，都凸显了公众对以和为贵的"和"观念的深刻理解，尤其是将"夫妻和睦"列为第二位，可知其把"和"观念上升到了家庭责任的高度。此外，在问卷的第 17 小题问到"在有关'孝'的内容中，您认为最重要的是哪一项"，如表 2-19 的数据显示，在 1150 个受访者中，有 51.5% 的人选择"关心父母的生活"，其次有 36.6% 的人选择了"用自己的成功回报父母的养育之恩"这一选项。

表 2-18　您认为在有关家庭的道德中，最重要的一点是什么？

观点	人数（人）	百分比（%）
关心爱护后代	189	16.4
夫妻和睦	287	25.0
尊重长辈	587	51.0
邻里和睦	66	5.7

续表

观点	人数（人）	百分比（%）
其他	21	1.8
合计	1150	100.0

表2-19　下面有关"孝"的内容，您认为最重要的是哪一项？

观点	人数（人）	百分比（%）
关心父母的生活	592	51.5
用自己的成功回报父母的养育之恩	421	36.6
传宗接代，延续香火	53	4.6
完全服从父母的意见	28	2.4
与父母生活在一起尽可能住得近一些	40	3.5
按自己的意见行事，但不与父母当面顶撞	16	1.4
合计	1150	100.0

由表中数据可知，在家庭美德的传承与弘扬中，公众们的家庭责任意识是十分强的，且"和""孝"仍是当下众多家庭的家庭美德观的主旋律。古语有云"百善孝为先"，"与人处，和为贵"。对于这些优秀的传统家庭美德，我们更应当秉承发扬。只有这样，小家之德方能汇成大家之德，才能更好地促进海南和谐社会的发展与进步，才能更好地推进中国梦的实现。

3. "孝悌"虽为先，"空巢"问题仍突出

"孝悌"是中华民族的传统美德。随着社会生活的变迁，对于"孝"美德的理解和践行方式也发生了很大的变化。"孝"作为家庭美德的重要组成部分，关注其在当下的传承与变化有着重大的现实意义。然而通过此次调查，我们发现当前很多家庭都把"孝悌"美德内化于心，但在实际的行动中却透露出了严重的社会问题。在此次调查中，我们按照居住地的不同，即对居住在城市的受访者和居住在农村中的受访者展开不记名的问卷调查方式。在问卷的第17小题中，问到"有关'孝'的内容，您认为最重要的是哪一项"，通过梳理问

卷，我们发现有53.1%的生活在城市中的群体选择了"关心父母的生活"；35.6%的受访者选择了"用自己的成功回报父母的养育之恩"，3.3%的人选择了"与父母生活在一起或尽可能住得近一些"；而生活在农村中的群体，则有47.8%选择了"关心父母的生活"，39.0%的人选择了"用自己的成功回报父母的养育之恩"，3.9%的人选择了"与父母生活在一起或尽可能住得近一些"（见表2-20）。由此两组数据可知，无论是生活在城市中的家庭群体，还是生活在农村中的家庭群体，在对"孝"的深刻理解上，大部分群体都倾向于选择"关心父母的生活"，而这恰恰就与"与父母生活在一起或尽可能住得近一些"形成了鲜明对比。所谓"关心父母的生活"这一"关心"，落实到具体生活中只是物质上的关心抑或是经济上的关心，尤其是对于居住在城市中的群体而言。

表2-20　　　居住地与对"孝"的理解的相关性（%）

观点	城市	农村
关心父母的生活	53.1	47.8
用自己的成功回报父母的养育之恩	35.6	39.0
传宗接代，延续香火	4.6	4.5
完全服从父母的意见	1.8	3.9
与父母生活在一起或尽可能住得近一些	3.3	3.9
按自己的意见行事，但不与父母当面顶撞	1.6	0.9
合计	100.0	100.0

老年人亦是昔日的年轻人，他们都为家庭、为社会、为国家做出过积极的贡献。同时，老年人是社会的弱势群体，大多年老体弱、生活水平不高、个人收入拮据且依赖性强，是最需要关心的群体。尊老爱老不应当停留在观念的空中楼阁上，而应当落实到实际生活中。即使是受限于工作等其他客观因素，对于"孝"的理解和践行的最好方式还是陪伴。总之，"常回家看看"不失为尽孝的最好方式。

综上所述，较之2011年海南省公民道德素质发展水平的状况来看，当前海南省公民道德素质的发展水平有了明显的提高。而在家庭道德素质发展方面，公民的家庭情况，如家庭的婚姻情况、家庭成员的职业发展情况、父母的受教育程度等都深刻影响着对子女和其他家庭成员道德素质的形成。此外，当前由于家庭道德建设方面存在诸多的问题也引发了一系列连锁负效应，比如亟待解决的留守儿童问题和空巢老人问题等社会问题。从这点来看，解决好社会矛盾的切入点亦是要从家庭入手，重视家庭对公民的教育，进而才能提高个体的道德素养，从而提升整个社会整体公民的道德素质水平。

三 建议与对策

家庭教育在孩子的成长过程中具有不可替代的作用，针对近几年来的社会调查研究表明，家庭教育仍然存在明显的缺陷和新问题，通过采取注重言传身教，强化家人道德示范作用；优化家庭环境，营造良好的家庭氛围；加强家长对家庭教育的学习，提高他们综合素质；转变传统教育观念，树立科学教育观念等相关对策应对家庭教育的缺陷和所存在的新问题，进而充分发挥家庭教育的积极作用。

（一）注重言传身教，强化家人道德示范作用

我国现代教育家陶行知曾提出"生活即教育的理念"，家庭生活是我们每个人在成长的过程中必将经历的重要部分，也是我们每个人接受教育最早的重要场所。在家庭生活里，父母是孩子生活中最好的启蒙老师和终身老师，在孩子的眼里，父母就是他们的榜样，因而父母要注意言传身教。言传是指父母和长辈借助语言活动对孩子的思想品德进行引导和影响，身教就是父母和长辈以自身良好的言行举止对孩子实施有利的教育影响。父母平时的工作态度和对待人的方式都会直接或者间接地影响到孩子对人和事物的态度，父母在家庭生活中的言行举止、为人处世的行为方式都会深深地对孩子有潜移默化的影响，父母也自然而然地成为孩子无意识和无条件的模仿对象，因而父母必须特别重视自身的言行。但是在现实的家庭教育实践中，仍然存在一些父母以打骂的手段来教育孩子、父母之间时不时有争吵、对待

自己的工作态度散漫、对待老人不友好、对待朋友不诚信等不良行为，潜移默化地对孩子的为人处世产生极大的负面影响，颠覆孩子心里父母的伟大形象，进而削弱父母的言传身教的教育影响。因此，在家庭教育中，父母要更加注意自己的一言一行，对孩子的教育也要保持一致的意见，要杜绝打骂教育手段，重视说理的教育；另外，父母在生活中要严于律己，树立和保持自己的良好行为习惯，事事以身作则，以自己的实际行动来践行自己的言行，做到言行一致，塑造自己在家庭生活中的伟大形象，为孩子树立楷模，使孩子在成长过程中受到父母榜样作用的潜移默化影响，真正发挥家人的榜样作用，进而教育和引导树立正确的世界观、人生观和价值观。

(二) 优化家庭环境，营造良好的家庭氛围

家庭环境是孩子生存和成长的首要环境，也是孩子受教育的第一重要场所，在孩子的成长过程中起着不可替代的作用，它的好坏对孩子的成长有很大的影响。古有"孟母三迁"，孟母为了孟轲生活在良好的环境中，从"其舍近墓"到"迁居市旁"，最后迁居到"学宫之旁"，在学宫的影响下，孟轲成为中国古代伟大的思想家，从中可以说明良好的环境对人的积极的教育影响，进而说明在一定程度上家庭环境的好坏会直接或者间接地影响到孩子的健康成长。

因此，在家庭教育中，父母要重视家庭环境的优化，真正为孩子营造和谐、和睦的家庭环境，帮助孩子建立自由、民主、团结、友爱、诚信的良好家风。良好的家风是由家庭所有成员共同营造的，因而家中的全部成员都要学会控制和发泄自己的不好情绪，用包容的心态和自己的理性去解决家里的各种问题和冲突，使家中的问题和矛盾得到很好的控制和解决，让孩子远离不和谐的家庭环境。和谐的家庭氛围具有催人奋发向上、积极进取等教育力量，有效帮助孩子树立远大的理想目标，形成良好的行为习惯、学习习惯和高尚的思想道德品质，树立正确的世界观、人生观和价值观。而不和谐的家庭环境对孩子具有很大的负面影响，孩子在他自己成长的过程中会产生自卑感、抑郁和叛逆心理，对自己的行为无拘无束，进而对社会产生不良的影

响。因此，优化家庭环境，营造良好的家庭氛围，进而让他们在自由民主、团结友爱和积极健康的家庭氛围中健康地成长。

(三) 加强家长对家庭教育的学习，提高他们的综合素质

随着社会的不断发展和互联网时代的到来，孩子成长过程中的社会环境越来越复杂，他们的成长路上更加需要父母的引导，这就更加迫切地需要父母积极认真地加强自身的学习和修养，增强自身的社会能力，提高自身的科学文化和素质水平，以更好地应对孩子在成长过程中出现的各种冲击和新的状况。因此，政府可以建立一些家长学校，组织各种家长教育培训活动；学校建立教育咨询网站，加强学生与家长的互动，开展教育讲座活动和家长会等；单位社区定期组织家长学习培训、教育信息教育和家庭活动等，拓宽家长学习的渠道，使他们在良好的氛围中更加自觉学习，帮助孩子树立学习意识，能及时应对孩子的问题，帮助孩子分辨和判断是非，教会他们社会技能，教育他们做人的道理，引导他们树立正确的价值观。另外，家长要积极认真地参与，平时要自觉重视自身素质水平的培养，多阅读学校和老师推荐的关于教育孩子的书籍，使自己掌握更多前沿的教育信息、教育方法和心理学信息，才能更好地了解孩子成长过程中的心理特点，进而把握他们成长的自身规律，使他们在成长过程中出现的错误得到及时的正确引导，以防出现更坏的情况，进而控制不良问题的产生。因此，家长要不断地加强自身的学习，提高自身的思想道德素质和家庭教育方面的能力，以更好地应对和控制孩子在家庭教育中出现的新情况和新问题，帮助他们形成良好的行为习惯和学习习惯，树立高尚的人格品质，培养孩子成为社会主义现代化所需要的人才。

(四) 转变传统教育观念，树立科学教育观念

随着互联网技术的不断发展，全球化的多元化价值观和西方社会思潮不断地涌进人们的生活，冲击着家庭的传统教育观念。另外，近年来，我国教育在不断地改革，它越来越重视孩子的素质教育，而家长传统的教育观念也需向现代化教育观念转变。轻德育、重智育和重物质、轻精神等误区以及一味地追求高分仍然普遍存在于家长的教育

观念里，他们必须走出这些传统的教育观念，选择和创新适应教育改革的教育观念和教育方法，树立科学的教育观念和科学教育方法。因此，作为家长，更加重视自身的学习，更新和储备新的教育知识，在教育改革中创新自身的教育观念和教育方式，以更好的姿态迎接教育改革的挑战，应对多元化价值观和思想社会思潮对家庭传统教育观念的冲击。

在传统的教育观念里，要继承和发展传统教育观念的优秀成果，使孩子在优秀的传统文化以及传统优秀作品中陶冶情操，充分发挥优秀传统的熏陶作用，帮助孩子树立自身的理想目标，培养孩子自身的高尚品格。家长通过自身的学习，掌握教育前沿的改革和创新，了解我国教育改革的动向，积极与学校进行交流，及时创新自身的教育观念和教育方法，以更好的科学教育观念和教育方法对孩子实施更加有力的教育影响。另外，家长通过树立科学的当代教育理念，在继承和发展传统教育观念的基础上，将优秀传统教育观念和教育方式与当代科学的教育观念和教育方法相结合，再结合我国近年来的教育改革，以合适的教育观念和方法对孩子进行有针对性的教育影响，进而促进孩子全面发展。

总之，家庭教育在孩子教育过程中具有重要的作用。随着社会不断地繁荣发展，家庭教育随之也出现了很多的缺陷和新问题，需要积极采取相应的对策去应对家庭教育所存在的问题，以更好解决家庭教育以往存在的问题和新的情况，进而充分地发挥家庭教育的积极作用，帮助孩子形成正确的道德观念、科学的道德意识、良好的道德行为，树立正确的价值观念，培养高尚的人格品质；以科学的教育观念和教育方法引导孩子形成良好的学习习惯和远大的理想目标，进而促进孩子的全面发展，使自己成为社会主义现代化需要的人才。

（符春玲、孙晓霞）

分报告之四　海南公民职业道德状况调查

　　职业道德是指从事一定职业工作的人们，在特定的工作和劳动中，以其内心信念和特殊社会手段来维系的，以善恶作为评价的心理意识、行为原则和行为规范的总和。它是人们在从事职业的过程中形成的一种内在的、非强制性的约束机制，涵盖了从业人员与服务对象、职业与职工、职业与职业之间的关系。《公民道德建设实施纲要》阐明了公民职业道德建设的重要性，把加强公民职业道德建设作为一项长期而紧迫的任务。在公民职业道德建设中，应当把这些主要内容具体化、规范化，使之成为全体公民普遍认同和自觉遵守的行为准则。鼓励人们成为有良好职业素质的人。这对于全中国各行各业的人来说具有鲜明的指导意义。《关于推进海南国际旅游岛建设发展的若干意见》把建设海南国际旅游岛上升为国家发展战略，为海南岛的进一步发展提供了一个极为重要的契机，对海南岛的发展具有至关重要的作用。《关于推进海南国际旅游岛建设发展的若干意见》指出，海南岛要营造文明和谐的社会环境。"治标不治本"犹如"出力不讨好"，要想营造文明和谐的社会环境，加强海南公民的职业道德教育是重要的一环。在海南公民的职业道德教育过程中，最重要的就是要做到"对症下药"。那么，公民怎样看待海南省公民的道德素质状况？与五年前相比，现在海南公民的道德素质状况如何？在最近五年中，海南公民职业道德教育有哪些方面的成就与不足？怎样进一步完善海南公民职业道德教育体系？在经济发展与社会发展齐头并进快速向前发展的海南省，研究以上问题具有鲜明的现实意义。

一　研究设计

　　(1) 问卷设计。本次问卷共分为三个部分，第一部分为调查对象基本信息，年龄、性别、文化程度等；第二部分为问卷主体，以社会公德、职业道德、家庭美德和网络道德等为主，其中与职业道德相关的问题有职业道德的评价、职业原则、诚信状况等；第三部分为开放性调查，主要是调查对象对海南公民道德状况的亲身感受、思考和建议等。

（2）调查形式与方法。本次调查采取的是问卷调查法和访谈法，采用分层抽样的方法对调查对象进行合理抽样。本次调查对象为海南省境内公民，调查时间为2016年7月12—15日，调查地点为文昌、琼海、三亚、陵水等地区。

（3）问卷发放情况。本次调查共发放问卷1200份，回收有效问卷1150份。回收率为95.83%。

（4）调查对象基本情况。性别：男性520人，女性625人；年龄：18岁以下147人，18—29岁548人，30—39岁249人，40—49岁121人，50—59岁60人，60岁以上18人；婚姻状况：已婚526人，未婚601人，离异12人；居住地：城市789人，农村349人；文化程度：不识字或识字很少30人，小学31人，初中262人，高中、职高、中专425人，大专204人，本科178人，研究生17人；政治面貌：中共党员143人，共青团员385人，其他党派人士25人，无党派人士554人；月收入：500元以下252人，500—1000元86人，1001—2000元250人，2001—3000元202人，3001—4000元150人，4001—5000元93人，5001—8000元63人，8000元以上37人。

二 基本状况

1. 总体评价：受访者对海南公民职业道德满意度将过三成

在问及"您认为周围人对待工作，经常有以下哪种表现"时，30.3%的公众选择了"忠于职守，爱岗敬业"，43.6%的公众选择了"完成分内工作"，15.7%的公众选择了"敷衍了事，得过且过"，9.6%的公众选择了"只为挣钱，不为其他"，还有1.0%的公众选择了"其他"（见表2-21）。数据说明，受访者对海南公民职业道德素质状况的评价较低，海南公民职业道德整体状况令人担忧，与五年前相比，海南公民职业道德满意度下降4.2%。

表2-21　　　您认为周围人对待工作，经常有以下哪种表现？

职业忠诚度	人数（人）	百分比（%）
忠于职守，爱岗敬业	348	30.3
完成分内工作	501	43.6
敷衍了事，得过且过	180	15.7
只为挣钱，不为其他	110	9.6
其他	11	1.0
合计	1150	100.0

2. 职业忠诚度状况：职业忠诚度仅过三成

职业忠诚度是指人们对于本人所从事的职业的热爱和忠诚程度。职业忠诚度直接反映出人们的道德素质。

从性别因素来看，男性受访者选择"完成分内工作"的比例最高（39.4%），女性受访者同样是选择"完成分内工作"的比例最高（47.0%），且比男性受访者高了7.6%。女性受访者选择"忠于职守，爱岗敬业"的比例仅次于选择"完成分内工作"的女性受访者比例，为27.8%，男性受访者选择"忠于职守，爱岗敬业"的比例同样仅次于选择"完成分内工作"的男性受访者比例，为33.1%，比女性受访者多5.3%（见表2-22）。

表2-22　　　性别与对待工作时的表现的相关性（%）

性别	忠于职守，爱岗敬业	完成分内工作	敷衍了事，得过且过	只为挣钱，不为其他	其他	总计
男	33.1	39.4	15.2	11.4	0.9	100.0
女	27.8	47.0	16.0	8.0	1.2	100.0

从婚姻因素来看，"已婚"受访者、"未婚"受访者和"离异"受访者都是选择"完成分内工作"的比例最高，分别为44.1%、43.1%和41.7%。然而，"已婚"受访者选择"忠于职守，爱岗敬

业"的比例在这三种人群众所占比例最高,为32.6%,其次是"未婚"受访者,为28.4%,"离异"受访者最低,为16.7%(表2-23)。这说明,受访者个人婚姻因素对其职业道德和职业素质有着重要的影响,美满幸福的家庭对培育良好的职业道德和职业素质有着极为重要的作用。

表2-23　　　婚姻与对待工作时的表现的相关性(%)

婚姻状况	忠于职守,爱岗敬业	完成分内工作	敷衍了事,得过且过	只为挣钱,不为其他	其他	总计
已婚	32.6	44.1	13.3	8.8	1.1	100.0
未婚	28.4	43.1	17.4	10.2	0.8	100.0
离异	16.7	41.7	33.3	8.3	0	100.0

从户籍因素来看,无论是"海南户籍"的受访者,抑或是"非海南户籍"的受访者,都是选择"完成分内工作"的比例最高,分别为42.5%、47.4%、50.0%、60.0%。不过,"海南户籍"的受访者选择"忠于职守,爱岗敬业"的比例仅次于同一群体选择"完成分内工作"的比例,为31.0%,而"非海南户籍"的受访者选择"忠于职守,爱岗敬业"选项的分别为27.8%、22.2%、25.0%(表2-24)。由此可见,户籍因素对公众对海南公民的职业道德素质状况的评价有着重要的影响,其中,"海南户籍"的受访者对海南公民的职业道德素质状况评价较高,"非海南户籍"的受访者对海南公民的职业道德素质状况评价较低。

表2-24　　　户籍状况与对待工作时的表现的相关性(%)

户籍状况	忠于职守,爱岗敬业	完成分内工作	敷衍了事,得过且过	只为挣钱,不为其他	其他	总计
海南户口居民	31.0	42.5	16.2	9.5	0.8	100.0
外地户籍,在海南工作或生活一年以上	27.8	47.4	13.5	9.8	1.5	100.0
外地户籍,在海南工作或生活一年以下	22.2	50.0	16.7	11.1	0	100.0
外籍人士	25.0	60.0	0	10.0	5.0	100.0

从居住地因素来看,"城市"受访者和"农村"受访者所选比例最高的都是"完成分内工作",分别为43.3%、44.1%。"城市"受访者选择"忠于职守,爱岗敬业"的比例为29.3%,"农村"受访者为32.5%(见表2-25)。

表2-25　　现居住地与对待工作时的表现的相关性(%)

现在居住地	忠于职守,爱岗敬业	完成分内工作	敷衍了事,得过且过	只为挣钱,不为其他	其他	总计
城市	29.3	43.3	15.8	10.3	1.3	100.0
农村	32.5	44.1	15.3	7.9	0.3	100.0

从政治面貌因素来看,在"忠于职守,爱岗敬业"选项中,中共党员的比例最高,为39.6%,共青团员比例为28.0%,其他党派人士比例最低,为14.9%。这说明,中共党员和共青团员对海南公民的职业道德状况评价较高,其他党派人士对海南公民的职业道德素质要求更高(见表2-26)。

表2-26　　政治面貌与对待工作时的表现的相关性(%)

政治面貌	忠于职守,爱岗敬业	完成分内工作	敷衍了事,得过且过	只为挣钱,不为其他	其他	总计
中共党员	39.6	40.3	16.1	4.0	0	100.0
共青团员	28.0	44.1	17.7	9.4	0.8	100.0
其他党派人士	14.9	40.7	7.4	37.0	0	100.0
无党派人士	30.1	44.2	14.5	9.8	1.4	100.0

从职业因素来看,"党政机关人员"选择"忠于职守,爱岗敬业"的所占比例最高,为36.5%,其次是"农民"。这说明"党政机关人员"和"农民"对海南公民的职业道德素质状况评价较高。"教师"和"军人"选择"完成分内工作"的比例最高,分别为51.1%、45.5%,与五年前相比,"军人"由选择"忠于职守,爱岗敬业"比

例最高,到现在选择"完成分内工作"的最高,"军人"的职业道德素质有所下降。"学生"和"工人"表现出"只为挣钱,不为其他"的比例较高,分别为13.1%、15.1%,与五年前相比,"农民"选择"只为挣钱,不为其他"的比例下降10%左右,选择"忠于职守,爱岗敬业"的比例大有提升,可见,农民的生活水平有所提升,而"工人"依旧有15.1%的选择"只为挣钱,不为其他",工人的生活水平并没有多大程度上的提高,我们需要更加关注工人的生活状况,学生群体社会阅历少,易受社会不良风气的影响,也应该加强对学生群体的职业道德素质教育(见表2-27)。

表2-27　　　　职业与对待工作时的表现的相关性(%)

职业	忠于职守,爱岗敬业	完成分内工作	敷衍了事,得过且过	只为挣钱,不为其他	其他	总计
党政机关人员	36.5	36.5	23.0	4.1	0	100.0
教师	28.9	51.1	15.6	2.2	2.2	100.0
军人	18.2	45.5	0	36.4	0	100.0
学生	28.2	40.2	17.4	13.1	1.2	100.0
个体户	30.6	44.2	15.1	9.3	0.8	100.0
工人	30.8	43.2	9.6	15.1	1.4	100.0
农民	33.7	42.1	17.9	6.3	0	100.0
其他	29.4	47.7	15.6	6.1	1.1	100.0

3. 对政府的办事态度和办事效率的综合评价:公众满意度不足三成

党政机关人员的职业道德素质不仅直接影响到其执政能力和工作作风、其社会形象和声誉,还事关执政党的社会基础,具有十分重要的地位。受访者对党政机关工作人员的职业道德水平评价不高,但是与五年前相比,满意度提高了5%左右,这说明,近五年中,政府的办事态度和办事效率有了改善,公众对政府的办事态度与办事效率略有改观。

建设服务型政府是我国政府职能转变的重要举措,也是党和政府全心全意为人民服务宗旨的体现。民众对政府办事态度和办事效率的评价,直接体现了政府工作人员的职业素养。

在被问及"您对目前'政府的办事态度'的满意程度如何"时,仅有6.1%的受访者认为"很满意",24.2%的受访者认为"满意",合计为30.3%。对政府的办事态度满意程度最高的是"党政机关工作人员"(18.9%),与五年前相比下降两成左右(见表2-28)。不满意程度最高的是"农民"(13.7%),其次是"个体户"(11.2%)。在被问及"您对目前'政府的办事效率'的满意程度如何"时,仅有5.6%的受访者认为"很满意",20.2%的受访者认为"比较满意",认为"很满意"和"比较满意"的加起来不超过三成(见表2-29)。其中,"党政机关工作人员"满意程度最高,为16.2%,"军人"的"不满意"程度最高(18.2%),其次是"教师"(13.3%)。

可以看出,受访者对海南政府工作人员的工作态度和工作效率的满意程度普遍较低,而党政机关工作人员对自己工作的评价明显高于其他群体,这说明,经过五年时间的改革与沉淀,党政机关工作人员的工作作风有了很大程度上的改善,但是还存在着一定程度脱离群众的危险,依旧需要引起高度的重视。

表2-28　　　您对目前"政府的办事态度"的满意程度如何?

满意程度	人数(人)	百分比(%)
很满意	70	6.1
满意	278	24.2
一般	537	46.7
不太满意	116	10.1
不满意	113	9.8
说不清	36	3.1
合计	1150	100.0

表 2-29　　　您对目前"政府的办事效率"的满意程度如何？

满意程度	人数（人）	百分比（%）
很满意	64	5.6
满意	232	20.2
一般	548	47.7
不太满意	141	12.3
不满意	121	10.5
说不清	44	3.8
合计	1150	100.0

4. 市场诚信度：公众对海南的市场诚信度满意程度不足三成

诚信是人们日常行为的诚实和正式交流的信用的合称。即为人处世真诚、老实、讲信用、言必信、行必果。诚实是一种人格力量，它显示着一个人的高度自重和内心的安全感与尊严感。在建设国际旅游岛的过程中，诚信对于维护海南良好的形象至关重要。

调查显示，在问及"您对目前海南省的'市场诚信度'的满意程度如何"时，受访者选择"很满意"的仅占5.8%，选择"满意"的占22.3%，受访者认为目前海南省的市场诚信度"一般"的占比例最高，为49.8%（见表2-30）。与五年前相比，公众对"市场诚信度"的满意程度下降一成左右，海南的诚信状况亟待改善。对于海南这个旅游大省，旅游业算得上是支柱产业，诚实守信显得更为重要，不仅关乎海南省经济的发展，而且关乎海南省在全国人民心目中的形象。

表 2-30　　　您对目前"市场诚信度"的满意程度如何？

满意程度	人数（人）	百分比（%）
很满意	67	5.8
满意	257	22.3
一般	573	49.8
不太满意	135	11.7
不满意	82	7.1
说不清	36	3.1
合计	1150	100.0

5. 职业道德教育：超过九成的公众认为有帮助

在被问及"您认为开展职业道德教育对提高工作者的职业道德水平有帮助吗？"时，受访者认为"有很大帮助"和"有一定帮助的"，所占比例分别为40.8%和54.7%，而认为"没有帮助"的仅占4.5%。以上数据表明，公众普遍认同职业道德教育，认为开展职业道德教育对提高工作者的职业道德水平有帮助，开展职业道德教育的"阻力"较小（见表2-31）。

表2-31　您认为开展职业道德教育对提高工作者的
职业道德水平有帮助吗？

态度	人数（人）	百分比（%）
有很大帮助	469	40.8
有一定帮助	629	54.7
没有帮助	52	4.5
总计	1150	100.0

从户籍因素来看，"海南户籍居民"认为开展职业道德教育对提高工作者的职业道德水平"有很大帮助"的占41.6%，"外地户籍，在海南工作或生活一年以上"的受访者选择"有很大帮助"的占37.6%，"外地户籍，在海南工作或生活一年以下"的受访者选择"有很大帮助"的占36.1%，"外籍人士"选择"有很大帮助"的占30.0%（见表2-32）。由此可见，户籍因素是公众对开展职业道德教育有无帮助评价的重要因素，海南户籍受访者评价最高，外籍人士评价最低，在海南的时间越长，评价越高。

表2-32　户籍与对开展职业道德教育对提高工作者的
职业道德水平评价相关性（%）

户籍状况	有很大帮助	有一定帮助	没有帮助	总计
海南户口居民	41.6	53.8	4.6	100.0
外地户籍，在海南工作或生活一年以上	37.6	57.9	4.5	100.0

续表

户籍状况	有很大帮助	有一定帮助	没有帮助	总计
外地户籍，在海南工作或生活一年以下	36.1	58.3	5.6	100.0
外籍人士	30.0	70.0	0	100.0

从居住地因素来看，居住在"城市"的受访者选择"有很大帮助"的占42.0%，居住在"农村"的受访者选择"有很大帮助"的占38.1%，相比"城市"受访者评价低了3.9%（见表2-33）。可以看出，城市人口对开展职业道德教育的评价较高。

表2-33　现居地与对开展职业道德教育对提高工作者的职业道德水平评价相关性（%）

现在居住地	有很大帮助	有一定帮助	没有帮助	总计
城市	42.0	53.0	5.0	100.0
农村	38.1	58.5	3.4	100.0

从受教育程度因素来看，"小学"学历的受访者认为开展职业道德教育对提高工作者的职业道德水平"有很大帮助"和"有一定帮助"的总共占87.1%，"初中"学历的受访者选择了"有很大帮助"和"有一定帮助"的总共占95.8%，"本科"学历的受访者总共占96.0%（见表2-34）。可以看出，受教育程度影响公众对开展职业道德教育的评价，受教育程度越高，评价越高。

表2-34　受教育程度与对开展职业道德教育对提高工作者的职业道德水平评价相关性（%）

受教育程度	有很大帮助	有一定帮助	没有帮助	总计
不识字或识字很少	40.0	36.7	23.3	100.0
小学	29.0	58.1	12.9	100.0
初中	34.7	61.1	4.2	100.0

续表

受教育程度	有很大帮助	有一定帮助	没有帮助	总计
高中/职高/中专	42.9	54.1	3.0	100.0
大专	41.5	54.1	4.4	100.0
本科	46.6	49.4	3.9	100.0
研究生	35.3	58.8	5.9	100.0

从政治面貌因素来看,"中共党员"中认为开展职业道德教育对提供工作者的职业道德水平"有很大帮助"的最高,为51.7%,其次是"共青团员",比例为35.7%,"其他党派人士"中选择了"有很大帮助"的占37.0%(见表2-35)。由此可见,"中共党员"对开展职业道德教育的评价较高,而其他党派人士对开展职业道德教育的评价较低,缺乏信心。

表2-35　政治面貌与对开展职业道德教育对提高工作者的职业道德水平评价相关性(%)

政治面貌	有很大帮助	有一定帮助	没有帮助	总计
中共党员	51.7	45.0	3.4	100.0
共青团员	35.7	59.7	4.6	100.0
其他党派人士	37.0	51.9	11.1	100.0
无党派人士	41.6	53.9	4.5	100.0

从职业因素上来看,"教师"认为开展职业道德教育对提高工作者的职业道德水平"有很大帮助"的占比例最高,为53.3%;认为"没有帮助"比例最高的是"军人",为27.3%。"党政机关人员"认为"有很大帮助"的占50.0%,仅次于"教师";再次是"个体户",占45.7%(见表2-36)。由此可见,"教师"和"党政机关人员"对开展职业道德教育的评价较高,"军人"则评价较低。

表 2-36　　　职业与对开展职业道德教育对提高工作者的
职业道德水平评价相关性（%）

职业	有很大帮助	有一定帮助	没有帮助	总计
党政机关人员	50.0	44.6	5.4	100.0
教师	53.3	42.2	4.4	100.0
军人	27.3	45.5	27.3	100.0
学生	34.4	62.2	3.5	100.0
个体户	45.7	50.0	4.3	100.0
工人	39.7	54.8	5.5	100.0
农民	38.9	54.7	6.3	100.0
其他	39.3	57.3	3.4	100.0

三　提升海南公民职业道德水平的对策

与五年前相比，海南职业道德水平并没有明显提高。就上文数据来看，公众对海南公民职业道德素质状况的评价较低，与五年前相比没有太大起色，海南公民职业道德整体状况堪忧。海南公民职业道德水平的提升工作，是一项长期而艰巨的系统工程。纵观海南省五年内在职业道德方面的措施，在某些层面流于形式，并没有从根本上解决职业道德提升的问题。那么，在今后的一系列措施中，应该着重增加对从事各职业的公众的职业道德教育，用教育的形式，在思想上树立正确的职业观。以思想、组织带动公众对于制度的认可，进而以更加标准规范的行为尽职于岗位。

（一）加大民生政策实施力度，提高政府公信力

通过实地走访和问卷调查，我们发现海南省公民对于政府办事态度和效率的评价较低，与五年前相比，所占比例少了24.1个百分点。而对于政府"不满意"的人群大多是农民和个体工商业者。这种现象一方面可见政府在惠农和促进工商业发展方面的政策过于紧缩，广大的农民和个体工商业者并没有获得政府相应的帮助。另一方面，政府部门过于冗杂，使政府部门办事效率过低。导致大部分公众对政府办事态度和效率产生了刻板印象,而政府并未及时做出相应的政策调整,以致五年后公众对于政府的好感会陡然下降。然而,这种现象必然会导致政府公信力的下降甚至缺失。政府公信力是政府治理社会的根本要求,对于社会稳定以及社会发展具有重要的意义。如今,只有提升政府公信力,构建诚信政府,才能更好地促进民主与法制,维护公平和正义,保证社会安定有序、充满活力,引领人与自然的和谐发展。提升政府公信力,对于推动政府诚信,带动社会诚信、企业诚信、个人诚信的提升,以及整个社会诚信体系建设的繁荣,都是无法或缺的一环。

(二) 建立政府与公众沟通,形成良性互动

与五年前相比,缺乏良好的沟通是当今公众对于政府办事态度与效率不太满意的重要原因,政府往往对所做出的政策讳莫如深,加之地方政府出台政策的不稳定性和主观随意性,极容易损害公众的利益,在公众的利益被政府损害后,政府既不给出政策理由,又要强制执行,致使与群众脱节,干群关系越来越紧张。同时,公众利益表达的渠道本就有限,且时常被堵塞,或是意见反映上去,长久没有回应,在这漫长的等待当中,使公众感觉到政府办事效率低,也因此弱化了政府的公信力。经济社会的发展使越来越多的人关注政治,关心民生,也乐于发表自己的观点和意见。当今的海南政府在决策过程中,还不能够做到充分地调查民意、了解民意,大多是政府内部人员会议商定。这一方面是制度和条件的限制,但更多的是政府决策机制、决策过程的不合理。公众不能参与决策,不了解决策过程及决策目的,等等,难免对政府产生疑虑。

因此,在政府政策实施前、实施中都要加强与民众的沟通。良好的沟通必须要讲究沟通艺术,服务型政府不是压迫人民的工具,更不能以强制暴力相威胁。首先,要让公众感到政府态度的诚恳,慢慢获取公众的好感,不能激起更大的愤怒情绪。其次,要在允许的范围内给公众满意的答复或承诺,不能承诺办不到的事,但又必须做出诚恳而切实可行的保证。没有答复的话语不会获取公众的认同,对于政府

办事效率和公信力的提升没有丝毫作用，但是如果过分地承诺权力范围之外的事，只会使政府公信力更加弱化。最后，在一政策实施前，要加强民意采集工作，提高媒体工具在民意采集方面的运用强度，完善网络问政、网络监督等工作。使政策的实施能够充分反映民意，使媒体能成为民意表达的有力工具。如此，不仅能够使政府政策集中民智、惠及民生，还能够在民众的网络监督下，促进政府工作的阳光化、透明化，从而使民众看到政府是"情为民所系、利为民所谋、权为民所用"的服务型政府，加强民众对于政府的信任，提高政府公信力和办事效率。

（三）充分利用大众媒体，强化政府对信息的使用

今天，互联网事业备受瞩目，大众媒体是公众获取信息的主要渠道，通过大众媒体的正面报道，引导舆论，有利于控制局势，同时，大众媒体可以跟踪报道事件的最新状况。抓住这一有力工具，对政府了解民意、改善民情可以起到事半功倍的作用。公众对第三方发布的信息会比较容易接受和相信，通过大众媒体的信息发布，增加政府行为的透明度和公开度，使公众获取大量信息，从而逐渐转变态度，改变看法，对强化政府公信力能产生十分积极有效的作用。

（四）完善政府监督体系，加强政府廉政建设

滥用权力、以权谋私、贪污腐败等现象是毁坏政府形象的一大毒瘤，是损害公众利益的重要因素，也因此致使公众对政府认可度大大降低。一些政府部门为了维护自己的权力和利益，随意扩大自身的处罚权、审批权、收费权等，如海南交通方面。在本次调研活动中，我们发现海南某些市区的出租车并未实施规范化管理，随意要价，起步价均在25—30元。这种现象已成为一种恶性风气，在走访当地民众时，我们得到的回答是，这种现象并非屡禁不止，而是当地政府和交通部门默许的"行规"。试想，如若没有政府及交通部门的"通行证"，这些出租车司机怎会如此猖狂地要价？那么，我们又不禁联想到，政府在这样的交通环境下，是否会从中获利？这种现象使"权力部门化，部门利益化，利益个人化"，给公众造成消极的影响，对政

府的公平公正产生了怀疑甚至不信任。

在如此的环境下,首先,加强对政府的监督力度,促进政府廉政建设,无疑是当前的必要任务,也是今后政府工作中应不断提高与完善的方面。因此,政府应建立网络服务评估平台,公众可以利用此平台自由发表评论,监督和检举政府的不良行为。一方面,政府的有法不依或者违法行为,公众可在此平台上揭发、检举,督促有关部门立即查处此类行为;另一方面,政府为公众提供服务,公众根据服务状况的良好程度,在此平台上为相应的部门打分或者评定等级,形成舆论压力,促使政府服务部门端正作风,提供符合公众需求的高质量服务。依法行政和服务质量的提高,带来的必然是政府形象的改善和政府公信力的不断提升。其次,完善法律法规,加强社会监管。尽管我国在"反腐"方面已经取得显著成效,但是相关法律对细节问题涵盖不全面。因此海南应根据当地实际情况制定具体可行的法规,加强政府内部、社会各方对于公职人员的监督力度,做到有法可依、有法必依、执法必严、违法必究。

(五) 开展职业道德教育和培训,提高职业忠诚度

从职业因素来看,与五年前相比,"党政机关人员"选择"忠于职守,爱岗敬业"的所占比例最高,为33.3%,而"学生"和"工人"表现出"只为挣钱,不为其他"的比例较高,分别为13.2%、15.4%。从学生角度来谈提高职业道德,一方面学生目前的首要任务是读书,没有进行过任何职业培训,因此对于职业道德了解不足,认为工作就是为了挣钱。另一方面,学生的世界观、人生观、价值观都还处于塑造阶段,对于价值的认知情况不能像受过专业职业培训的人员那样清晰,并且学生群体大多属于弱势,更容易受到不正确的社会思潮的侵蚀,以致对职业道德形成不积极的认识。从工人角度来谈职业道德问题,马克思认为,资本家与工人就是血淋淋的剥削与被剥削的关系,工人只是剩余价值的源泉,是一种工具。而在海南省当前的经济状态下,经济主要依靠旅游市场。我们看到,除海口以外的海南各市,不论是餐饮业、娱乐场所还是商场,顾客都很少,而且在有限

的顾客中还有一大部分是游客。海南省旅游业带动了大多数的商业。但是新景点的开发速度远远比不上游客衰减的速度。那么工人可以拿到的工资也就变得十分有限。当工人满足不了生存需要的时候，也就无法追求更高层次的精神风貌，因此相比职业道德，挣钱对于海南工人有着更大的吸引力。

针对海南省职业道德现状，根据职业的不同，提出以下几条建议。

1. 针对不同职业，有针对性地开展职业道德教育

在文昌调研中，调查组从当地一位国企人员那里得知，一部分国企公司的员工，会定期由公司组织进行地面清扫工作。另外，在我们问卷发放过程中，这家国企公司的经理提出要对他的部门员工做一个道德教育讲座。这的确是一个很好的现象，也是值得推广的塑造良好职业道德的方法。首先，各行业可以定期开展本行业的职业教育，塑造每个行业不同的企业文化，上级对下级合理的关怀，让员工对所从事的工作有归属感。其次，在企业内部，可以让员工参与公司的政策制定，参与公司分红，让员工充分地投入到工作中，成为公司的主人。再次，增加奖励机制，对员工的忠于职守给予适当表扬和奖励，从而带动其他员工积极性的提高。最后，企业对待员工要公平公正，使员工对企业的分配方式认可，且更加热爱工作，忠于职守。

2. 加强科学文化教育和专业技能教育，塑造正确的就业观

政府应加大教育投入力度，提高办学质量，充实教师队伍，加强对学生的科学文化教育。在加强科学文化教育的同时，要塑造学生树立正确的就业观，未来并不是只有一种选择，职业选择是丰富多彩、多种多样的。选择一个适合自己的职业，必定会用心工作，热爱工作，忠于职守。

3. 规范学校教育和补习班教育

公立学校的教师会在校外参加补习班的兼职教学，这样的例子在全国各地都屡见不鲜。相比学校，补习班付给老师的工资会更加丰厚。因此一部分老师会将心思更多地专注于校外补习班的教学而放松

了校内的教学质量。这样的情况在海南也时有发生，甚至还有高校老师自己开设补习班而忽略学校教育质量的例子。针对这种情况，学校首先要加强监督，发现后可依据教师的行为采取规劝、警告、处罚、开除等方式进行裁定。一是保证正常的学校教学质量，二是减少学生家长对于不必要项目的开支。规范教师的行为，并且定期让学生对教师教学质量进行评价，开通同事间举报揭发的渠道，设立高质量教学奖金，让更多的教师把心思放在课上，而不是课下的私人教学中。同时也要对教师进行培训，增加教师对于学校工作的认同和归属。

4. 培养公职人员的人民公仆意识

海南省公众对于政府办事态度和效率的评价不高，甚至较五年前有所下降。对公职人员的对于本职工作认识要有正确的引导，政府应该是服务型政府，公职人员当为人民之公仆。要让公职人员明白，并不是老百姓对公职人员有所求，而是帮助老百姓高效高质完成证件或者其他正当业务办理，是一个公职人员的本职工作。另外，可以通过监控，观察工作人员工作态度，定期抽取某个职员的工作视频，查找不合格之处，予以惩戒。对于十分尽职的职员要适当奖励。设立投诉热线，让公众对态度恶劣的公职人员进行投诉。制定行业规范，让每个公职人员都明确什么应当做，什么不应当做。

(六) 加大对旅游市场管理力度，建立完善的行政法规体系

1. 健全旅游规章制度

旅游法律法规建设的主要目标是为旅游业更好地发展营造良好的环境。当前，我国旅游法律法规建设明显滞后于旅游业发展要求。从地方层面来说，海南地方法规、政府规章建设并不健全。众所周知，当前我国旅游市场发展迅速，旅游产品的深度开发、旅游市场的细分、游客需求的多样化个性化、从事旅游业务经营企业的大量涌现等新问题层出不穷，而国家及多数省份（含海南省）又没有出台相应的法规来明确这些经营主体的主管部门和行业标准等，使多数地方旅游市场监管依据不足，监管措施未能及时跟上，造成治理旅游市场违规行为不力和违规现象泛滥的局面。

对于海南旅游市场的整顿，首先，要建立健全行政指导在旅游市场监管中的相关制度。行政指导在旅游市场监管实践中具有许多优点和特殊功用，但也存在一些不可忽视的缺陷，比如处置不当会发挥消极作用或操作中会产生一定的负面后果等。其次，制定并完善旅游行政指导奖励激励制度。奖励激励制度是指旅游行政管理部门在旅游行政管理工作中，通过给予一定物质或精神鼓励的方式，引导、激励和鼓励旅游行政相对人参与、支持和配合旅游行政机关工作的制度。对于行政管理来说，非强制性的诱导手段是一种关注人的主体地位、以人为中心的人本主义管理方法。通过激励和奖励的诱导，使旅游行政管理相对人自觉自愿、积极主动地去从事政府所鼓励的工作或活动，以实现一定的旅游行政管理目标。旅游激励方法可以根据情况选用奖励激励、目标激励、竞争激励、反激励等不同的方式。另外，制定参与制度。公众参与管理方法是指由旅游行政相对人或其他公众参与旅游行政主体的管理和决策，来提高管理效率的一种行政管理方法。在旅游市场监管中运用公众参与管理的方法有两种，一是全体成员进行讨论。旅游市场监管主体在决定、处理旅游市场监管事务的过程中，要发扬民主，给公众发表意见的权利和机会。凡重要的需要大家共同讨论的问题，都要发动全体成员讨论，集中大家的智慧以做出正确的决策。二是召开各种专题会议讨论。公众参与的另一种重要形式是建立各种会议制度。公众参与管理的方法有许多积极意义：一是可以避免政策和决策的片面性，使之更加完善合理和符合实际。二是可以在旅游行政主体和旅游行政相对人之间建立起合作关系，使大家齐心协力去完成旅游市场监管工作。三是可以增强人们对旅游行政管理部门的认同感，从而激发人们的主动性和创造性，并自觉地去完成行政任务。因此，公众参与管理方法在旅游市场监管工作中应当广泛运用。

2. 旅游主管部门权责分明

旅游业是一个关联度很高的行业，包含"吃、住、行、游、购、娱"六大要素，与国民经济中的大部分行业存在密切关联。对于海南来说，几乎没有一个行业与旅游业完全无关。海南省现有的旅游市场管理体制一方面是多头管理、政出多门、条块分割，旅游主管部门承担的主要职责仅仅是对旅游产业的宣传推广、指导协调、监督管理。另一方面，只要与旅游相关的问题都反映到旅游主管部门，但旅游主管部门受现行体制、职能的限制，只有对旅行社、导游的部分处罚权，责权严重不对称。虽然海南省也采取了一些解决措施，比如各市县分别建立旅游联合执法机制，但现有的模式基本都是旅游主管部门不掌握主动权，其监管力度取决于相关部门的配合度，被动性大。这样，常常使旅游主管部门处于想管管不了、不管又不行的尴尬境地。

做到旅游市场管理部门的权责分明，首先，建立海南省旅游信息发布制度。此制度在于建立符合旅游市场需要的旅游行政信息系统，不仅可以为旅游企业和游客提供优质的信息服务，帮助其做出决策，而且对于正确引导游客和旅游企业的行为选择具有重要的意义。可以说，旅游信息是游客和旅游企业做出决策的基础，旅游信息质量的高低决定游客和旅游企业决策的可靠性和可行性。为了保证旅游信息质量，应当成立由专职人员、设备及有关工作程序组成的专门从事旅游信息的搜集、加工、传递、贮存工作的行政组织，其工作任务是按一定程序搜集、处理行政信息，为旅游行政管理、游客旅游、旅游企业经营等环节提供必要的信息，保证旅游市场秩序的正常运转。

其次，建立旅游咨询制度。旅游咨询同旅游决策有密切的关系，咨询是为决策服务的。如果旅游咨询机构能够依据事实真相，尊重客观规律，为旅游企业或游客提供客观公正的咨询服务，就能够为旅游企业或游客的旅游决策提供保障，减少旅游市场不健康因素的出现。目前，海南旅游咨询机构有旅游行政管理部门设立的旅游咨询点和经工商部门合法登记的具有营利性的旅游咨询企业。但是，在海南现有的旅游法规中，还没有规范旅游咨询的机制。根据旅游市场需要，营利性的旅游企业已在旅游市场中大量存在。鉴于旅游咨询对旅游企业或游客在决策过程的各阶段都能提供专业性、技术性以及方法上的咨询意见的功能，地方政府应制定相应的制度予以规范，以有效地发挥旅游咨询的正面效应。

3. 充分发挥政府服务职能

政府在管理旅游市场、规范旅游秩序的同时，还应当为企业经营和产业发展提供服务，指导旅游企业规范化管理，提高标准化旅游服务质量。但目前普遍存在服务意识不强、服务水平不高的状况，执法角色大多未跟上社会脚步，执法观念还滞留在检查、监督、处罚层面，往往只讲管理不讲服务，只惩戒处理不讲教育和指导，背离了现代行政的执法目的。因此，规范海南旅游市场，加快推进旅游市场行政管理制度，离不开政府对于旅游市场经营人员的教育和指导。以潜移默化的方式，将合法、合理的旅游及其相关产业的经营办法与管理理念内化于心，外化于行。定期开展旅游市场经营教育活动，使之成为长期的、连续的、正确的教育模式。

（李洋、苏德玉）

分报告之五　海南公众心中的道德模范状况调查与比较

道德模范指的是人们在一定的社会和思想文化中最为推崇的人物典型，道德模范人物身上体现着社会上思想文化的特征以及价值观念等，同时还包括人的本质性研究和人的价值的认识。道德模范主要是指具有良好的思想品德和道德修养的个人，他们是群众身边一个个鲜活的好人的代表。道德模范是时代先锋、社会楷模。这些模范和楷模自身所具备的高尚的道德素质和道德行动，对他人和社会能够起到示范、激励以及引导的作用，对提高整体的社会道德水平都具有很大的积极影响，道德模范人物对社会道德建设更是具有不可替代的作用。海南省公民道德建设的实践证明，发挥公民的道德模范和道德榜样的示范作用是提高公民道德水平的一个有效途径。道德模范人物作为社会文明进步的标杆，对道德模范人物的评选工作应该给予高度重视，着力发挥道德模范人物的导向作用，对公众道德水平的提升和发展起示范和标杆的作用。

根据中国传统道德含义,道德模范就是具有牺牲小我的利益(或幸福),而维护了大我的利益(或幸福)的言行,且事迹典型和突出人或集体。根据相关规定,道德模范包括五大类:助人为乐、见义勇为、诚实守信、敬业奉献、敬老爱老。道德模范在一定程度上代表了一个国家、一个地区的道德水准,是全社会的道德标杆,也是全社会学习的榜样。

一 研究背景

公民的道德水平,体现着一个民族的基本素质,反映着一个社会的文明程度。道德模范是时代的道德标杆,引领着公民道德建设的价值观导向,而坚持和提倡什么样的价值观,直接影响着公民道德建设的进程和成效。我国公民道德建设的实践证明,发挥道德典范、道德榜样的引领和示范作用是提高公民道德水平的一个有效途径。

随着经济的飞速发展,人们的思想观念受到多元文化的巨大冲击,是非不明、诚信缺失、见利忘义、损公利私的现象时有发生,少数党员干部更是信念动摇、贪污受贿,严重损害了党和政府的形象。海南国际旅游岛建设项目开展以来,海南公民的思想受到多元文化的巨大冲击,使公民的价值标杆受到动摇。有鉴于此,宣传和弘扬道德模范,以公民身边鲜活的行动感染群众,以正确的价值观引导海南省公民的道德建设,促进个体在生活中以身作则、身体力行,从而带动、影响周围群众自觉规范自身行为,促进整个社会风气的好转,进而为海南岛的国际旅游岛建设提供精神支持。正是基于这样的现实背景,我们开展道德模范的调查研究,具有积极的意义。

二 研究设计

(1) 问卷设计。本次问卷共分三部分。第一部分为调查对象的基本信息、性别、年龄、文化程度等;第二部分为问卷主体,以道德模范人物知晓、影响等为主;第三部分为开放性调查,主要是调查对象对道德模范状况的了解、感受、思考和建议等。

（2）调查形式与方法。本次调查采取的是问卷调查法和访谈法，采用随机抽样的方法对调查对象进行合理抽样。

（3）调查对象基本情况。性别：男性520人，女性625人；居住地：城市789人，农村349人；政治面貌：中共党员143人，共青团员385人，其他党派人士25人，无党派人士554人；年龄结构：18岁以下147人，18—29岁548人，30—39岁249人，40—49岁121人，50—59岁60人，60岁以上18人；文化程度：不识字或识字很少30人，小学31人，初中262人，高中、职高、中专425人，大专204人，本科178人，研究生17人；个人月收入：500元以下252人，500—1000元86人，1001—2000元250人，2001—3000元202人，3001—4000元150人，4001—5000元93人，5001—8000元63人，8000元以上37人；职业：党政机关人员73人，教师44人，军人11人，学生258人，个体户253人，工人144人，农民94人，其他258人。总的来说，调查样本在性别、年龄、职业等各因素分布上具有一定的覆盖性和代表性。

（4）调查时间和地点。2016年7月4—15日海南各县市。

（5）问卷发放情况。本次调查共发放问卷1200份，回收有效问卷1150份，有效回收率95.83%。

（6）问卷处理与问卷信度。本研究通过SPSS17.0分析软件对所获得的1150份问卷进行数据分析和信度检验。本次问卷文书数据所有相关性分析均通过卡方检验（$P<0.05$）。

三　调查结果

1. 整体来说，海南公民对道德素质的满意度只有三成左右

调查显示：当被问及"当前海南公民道德素质状况如何"时（见表2-37），只有17.1%的受访者认为"很好"，22.0%的受访者认为"比较好"，50.2%的受访者认为"一般"，还有10.7%的受访者认为"较差"和"很差"。在问卷过程中与受访者的沟通中了解到，公众

对道德素质的理解太过于狭隘甚至是偏见，认为只有文化程度高的人才是道德素质高的，在他们眼中，大多数底层工作人员及受教育水平低的人都与高道德水平无关。其实，道德模范不是高高在上的道德"神仙"，不是"高大全"式的遥不可及，他们的善行义举就体现在自身的日常生活中。每个公民只要愿意提升自己的道德素质和道德品性，将一般的道德要求化为切实的具体行动，经过不断的道德努力，都可以成为一个有道德的人。

表 2-37　　　　　受访者对海南公民道德素质的满意度

评价	人数（人）	百分比（%）
很好	197	17.1
比较好	253	22.0
一般	577	50.2
较差	87	7.6
很差	36	3.1
合计	1150	100.0

对普通公民来说，学习道德模范、崇尚道德模范、争当道德模范，积极参与道德建设，主要在于如何在日常生活和工作中主动地践行道德的要求，自觉地培育公民美德。践行道德的第一步是从我做起、从现在做起、从身边小事做起，学会自尊、懂得自爱，树立"我为人人，人人为我"的道德观。整个社会的道德环境与个体的道德行为息息相关，涓涓溪流可以汇聚成汪洋大海，如果每个公民都能在道德上有所作为，全社会就能形成良好的道德氛围，这是建设海南省国际旅游岛的道德基石。

2. 六成以上的受访者认为自己周围有道德模范人物

调查显示：当被问及"您认为自己周围有道德模范人物吗"时（见表 2-38），64.3%的受访者认为"有很多"或"有一些"，26.0%的受访者认为"比较少"，9.7%的受访者认为"没有"。从问卷发放过程中的沟通来看，大多数受访者对于道德模范的概念比较模糊，认为只要是和善的、乐于帮助人的、不与人发生矛盾的都是道德模范。尽管对道德模范的概念比较模糊，但从海南公民对身边公民的道德素质的认可度以及他们眼中道德模范人物的认可度来看，也能说明海南省公民道德素质在过去五年中有了提高。

表 2-38　　　　　　您认为自己周围有道德模范人物吗？

评价	人数（人）	百分比（%）
有很多	186	16.2
有一些	553	48.1
比较少	299	26.0
没有	112	9.7
合计	1150	100.0

3. 六成及以上的海南省公民认为道德模范人物具有较好的社会影响力

调查显示：当被问及"您认为道德模范人物的社会影响力是"62.6%的受访者认为"很大"或"比较大"，29.3%的受访者认为"一般"，8.1%的受访者认为"比较小"或"几乎没有"（见表2-39）。在与受访者的交流中了解到，海南公民的和善、热情好客给外地人留下了很好的印象，这便会间接影响对象的行为活动。从受访者对道德模范人物的社会影响力的认可度来看，说明海南省公民整体上对道德模范人物的关注度有所提高。古人云"仓廪实而知礼节"，对思想层面的关注度的提高，也从侧面反映出海南省公民的生活质量和水平的提升。

表 2-39　　　　　　您认为道德模范人物对社会的影响力？

评价	人数（人）	百分比（%）
很大	269	23.4
比较大	451	39.2
一般	337	29.3

续表

评价	人数（人）	百分比（%）
比较小	68	5.9
几乎没有	25	2.2
合计	1150	100.0

加强公民的道德建设，是提高全民族文明素质的一项基础性工程。近几年随着我国公民道德建设的不断加强，干部群众践行社会主义核心价值观的不断深入，越来越多体现社会主义道德要求的模范人物涌现出来。全国评选的来自基层的道德模范人物，用他们的先进事迹感召群众，这对于在全社会大力弘扬社会公德、职业道德、家庭美德，营造知荣辱、树正气、促和谐的社会风尚，促进社会主义核心价值体系建设，为经济社会发展提供强有力的思想道德保障，具有十分重要的意义和作用。同样，道德模范对提升海南省公民的整体素质也具有不可小觑的作用。公民生活中的道德模范对于海南省形成良好社会风尚、提高公民道德素质具有重要推动作用，是推动海南省公民道德素质发展的有力抓手，也是建成海南国际旅游岛的有力精神支柱。海南省的进步需要健康向上的道德风尚来引领，发展需要道德楷模的力量来推动。从全国范围来看，公民道德建设的实践表明：中国特色社会主义伟大事业，需要千千万万个道德模范，也培育着千千万万个道德模范。崇尚道德模范，弘扬良好道德风尚，是一个社会健康向上的标志，也是一个社会文明进步的动力。褒奖群众身边看得见、摸得着、学得到的"平民英雄"，推崇在基层涌现的"凡人善举"，能够有力地引导人们"从我做起、从现在做起、从身边小事做起"，引导广大群众见贤思齐、争先创优，使道德模范成为大家学习的榜样，促进全社会文明程度和道德水平的进一步提高。这一切对于海南省各市县的"双创"具有最迫切的现实指导意义。

近几年海南国际旅游岛的建设，进一步加快了海南省的开放进程，在一定程度上使人们思想活动的独立性、选择性、差异性不断增强，价值取向呈多样化的趋势，道德观念呈现复杂多变的特征。人民群众深情呼唤着、期待着良好的道德风尚，这是海南省公民道德建设的新机遇，也是海南省公民道德建设面对的新挑战。我们更加需要褒扬道德模范，弘扬社会正气，树立道德新风，以社会主义的主流道德价值观引领社会道德风尚，促进海南省的整体发展，为和谐社会建设出一份力。

4. 各个年龄段的受访者对道德模范人物的社会影响力认可度整体上都较大

通过进一步对比各个年龄段的受访者对道德模范人物社会影响力的认可度调查数据发现：各个年龄层的公民认为道德模范人物的社会影响力较大的都占到一半以上，而认为影响小或没有影响的比例都较小（见表2-40）。这种对道德模范人物社会影响力的认可度的整体提高，反映出精神因素背后物质水平的提高，进而带动了精神层面素质的提高。

表2-40　　　　年龄与道德模范人物社会影响力的相关性（%）

年龄	很大	比较大	一般	比较小	几乎没有	合计
18岁以下	19.6	40.5	33.1	4.7	2.0	100.0
18—29岁	19.4	41.7	31.4	5.3	2.2	100.0
30—39岁	24.7	38.2	26.7	7.6	2.8	100.0
40—49岁	32.8	27.9	32.0	5.7	1.6	100.0
50—59岁	46.7	41.7	5.0	6.7	0	100.0
60岁以上	16.7	33.3	33.3	11.1	5.6	100.0
合计	23.4	39.2	29.3	5.9	2.2	100.0

5. 公民的受教育程度越高，对道德模范人物社会影响力的认可度越高

通过进一步比较调查海南省不同受教育程度的公民对道德模范人物的社会影响力的认可度的数据发现：受教育程度越高，对道德模范人物的社会影响力认可度越高（见表2-41）。教育作为上层建筑的一部分，受经济基础的决定作用制约。近几年海南省经济水平的提高，

带动教育的发展，海南省公民的科学文化素质和思想道德素质都有了显著的提升，对于道德模范人物的社会影响力与作用的认识也更加深刻，因此，伴随着受教育水平程度的不同，对道德模范人物的社会影响力的认可度也会与所差异。

表 2-41　受教育程度与道德模范人物社会影响力的相关性（%）

受教育程度	很大	比较大	一般	比较小	几乎没有	合计
不识字或识字很少	36.7	30.0	16.7	10.0	6.7	100.0
小学	12.9	41.9	32.3	9.7	3.2	100.0
初中	22.9	32.8	30.9	10.7	2.7	100.0
高中、职高、中专	25.1	41.5	27.2	3.7	2.6	100.0
大专	20.0	44.4	29.8	4.4	1.5	100.0
本科	24.2	39.9	30.9	4.5	0.6	100.0
研究生	17.6	23.5	52.9	5.9	0	100.0
合计	23.4	39.2	29.3	5.9	2.2	100.0

四　比较分析

社会良好风气的形成，需要正能量的引领，而对道德模范人物的塑造和培养，就如同向社会源源不断地注入新的血液，道德模范人物对公众和社会都具有积极的影响和作用，本次研究主要将数据从公众对道德人物的知晓情况、道德模范人物对社会是否产生影响、道德模范人物对社会产生的积极影响这三个角度进行对比和分析。

2011年关于道德模范人物调查结果显示：（1）有82.9%的受访者认为身边有好人；（2）有60%以上的受访者认为身边的好人对自己的影响大；（3）有64.9%的受访者不了解或没有参与过道德模范人物评选；（4）有68.7%受访者表示评选道德模范人物活动是有必要的；（5）有53%的受访者认为道德模范人物对社会有积极的影响作用。进一步分析得出：从年龄上看，受访者年龄越大对道德模范人物产生的积极影响就越认可；从户籍上看，本地居民对道德模范人物的认可度比外地公众的比例高，分别为54.9%和50.6%；从文化程度来看，受访者文化程度越高，认为道德模范人物对社会的积极影响越小；从受访者的职业分析结果得知，"教师"认为道德模范人物对社会的积极影响作用最大，所占比例为58.8%；从政治面貌因素分析得出，"共青团员""中共党员"认为道德模范人物的影响较大，分别为53.7%和55.2%。

2016年对海南全省各市县进行的道德模范人物调研结果为：（1）整体来说，受访者对海南公民道德素质的满意度只有三成左右。在问卷过程中与受访者的沟通中了解到，公众对道德素质的理解太过于狭隘甚至是偏见，认为只有文化程度高的人才是道德素质高的，在他们眼中，大多数低层工作人员及受教育水平低的人都与高道德水平无关，海南公民认为道德水平与受教育程度有很大的关系。（2）六成以上的受访者认为自己周围有道德模范人物，从问卷发放过程中的沟通来看，大多数受访者对于道德模范的概念比较模糊，认为只要是和善的、乐于帮助人的、不与人发生矛盾的都是道德模范。由此可知海南公民对德模范人物还存在一些不明朗的认识。（3）六成以上的海南省公民认为自己周围有道德模范人物，所占比例为62%。在与受访者进行问卷调查和沟通中发现，受访者认为道德模范人物对其行为是有影响力的，他们认为道德模范人物能在潜移默化的过程中通过与人的社会交往和表现，对人们的日常行为举止都会产生一定的影响，因此，他们认为道德模范人物对其生活是有一定影响力的。（4）各个年龄段的受访者对道德模范人物的社会影响力认可度整体上都较大，在对比调查数据中发现，各个年龄段的公民认为道德模范人物的社会影响力较大的都占到一半以上，而认为影响小或没有影响的比例都较小，由此可见，近几年来海南公民的整体素质有所提高。（5）受访者认为受教育程度越高对道德模范人物社会影响力的认可度越高，通过对调查数据的进一步比较我们发现，从整体上说来，受教育程度越高，对道德模范人物的社会影响力认可度越高。

通过两份数据的分析对比，可以发现目前海南公众对道德素质的满意度较低，满意的评价只占了三成；从对道德模范人物的认识上看，与之前的数据相比大多数受访者对道德模范人物的知晓度有所提升，但仍缺乏对道德模范人物有一个确切的认识，许多人对道德模范人物并没有明确的认识，甚至还有很多人认为身边那些"乐于助人"的人就是道德模范人物，并且有超过六成以上的人认为道德模范人物对社会有积极作用，在比例上与之前的数据有所提升。在比较数据时发现，公众道德模范人物对社会产生的积极影响与之前相比有所提升，比例分别为53%和62%；从年龄上看，之前的数据显示年龄越大的人对道德模范人物的认可度就越高，而本次调研结果显示各年龄段的受访者对道德模范人物产生积极影响的认可度与之前相比有所提升；此外，从职业上看，两份调查数据结果表明教师与从事科研活动的人对道德模范人物的认可度都比较高；从教育程度上看，受教育程度越高的人群对道德模范人物的认可度也越高。

总而言之，根据两份数据的对比情况得知，大多数公众都认可道德模范人物对社会的积极引领作用，他们认为道德模范人物的日常行为会影响更多人进行学习，有利于促进良好社会风气的形成。根据调研结果不难发现，各年龄段的受访者对道德模范人物的认知和认可度在整体上都有提升，且受教育程度越高的人群对道德模范人物的认知和认可度比例都相对较高。这也从一个侧面说明了社会良好风气的形成需要大力发展教育提升公民的整体素质，由此，只有使道德模范人物被大众接受、认可并真心实意地学习，全面引导群众对道德模范开展一个见贤思齐、奋发向上的良好的社会风貌，在全社会形成向道德模范学习的良好氛围，才能充分发挥和利用道德模范人物的引领作用。

而导致这些变化的原因，是我国处于经济高速发展的大背景之下。首先，海南作为国家最南端的一个重要省份，在国家的支持下经济上得到空前的发展，人们的物质生活得到很大程度的提高，随着人们物质生活的提升，他们对精神世界的追求也开始从物质需求到精神需求的转变；其次，由于物质条件的丰富，人们的精神上得不到满足，容易出现一些道德失衡的情况，人们的精神需求日益增强，人们就越是需要一个标杆的引领。因此，道德模范人物的作用也就显得十分重要了。

五　对策建议

本报告主要通过简要介绍海南省公民道德建设的现状，对道德模范人物在海南省公民道德建设中的影响进行了分析，并为正确发挥道德模范人物在公民道德发展中的作用提出一些对策和建议。在将道德模范人物作为学习对象进行育人教育的实践中，由于面对的是不同群体，因此，关注不同群体特点，道德模范的示范作用才能取得较大成效。一是道德模范教育的方法要实现科学化。心理学研究发现，不同的人对不同的目标存在着选择偏好，这是个体的习惯性心理特征使然。对于基层的公众来说，不能一味空讲理论，必须采取具有可操作性的方法。二是要选择好进行道德教育的价值载体。发现模范只是模范教育过程的开始，还要通过大众喜闻乐见的方式适时地宣传、推广道德模范人物的先进事迹，使大众接受、认可并真心实意地学习，充分发挥和利用道德模范人物的引领作用。

（一）全面发挥道德模范的标杆作用，引领民众开展道德建设

道德模范人物作为一个时代精神文明高度的标杆，同时也代表着社会的主流道德。因此，要充分发挥道德模范对社会和公民的影响力。首先，在开展道德模范人物评选和宣传的过程中，要扩大道德模范人物的评选范围，不仅体现在各地区或各行业中，在各社会层面的人物都应开展评选活动，使这些道德模范人物对周围人的影响更直接。其次，深入开展道德模范人物事迹的宣传和文明创建活动，如在各市县设有专门的宣传点开展活动，充分将广大群众提升自身道德水平的主动性和积极性调动起来。最后，组织道德模范人物到基层进行巡讲活动，对民众宣讲其动人事迹，感染民众主动学习并参与进来，全面引导群众学习道德模范，形成一个道德见贤思齐、奋发向上的良好社会风貌。

（二）增强对道德模范人物的宣传力度，提升公众对道德模范人物的认知度

在调研的过程中我们发现，大多数的海南公民对道德模范存在一些不

明朗的认识,许多民众对道德模范人物的认知度不高,甚至还存在误以为只要是和善的、乐于帮助人的、不与人发生矛盾的人都是道德模范的情况。因此,针对目前公众对道德模范人物认知度低的问题,政府部门应该全面加大对道德模范人物的宣传力度,提高公众对道德模范人物的认知度和关注度。在对公众宣传道德模范的工作中应该注重群众的不同特点进行有效的宣传,除了媒体宣传和传统的书面宣传,针对文化程度较低的或有不同障碍的人群,也应针对性地进行通俗易懂的宣传方式,从而让更多的人参与到道德模范人物的认知和学习中来。

(三) 运用多种形式和宣传手段推广道德模范人物的先进事迹

在宣传道德模范人物先进事迹的过程中,除了采用传统的报告会、巡回演讲团、举办先进事迹展览会以及授予荣誉称号等方式以外,对报刊、广播、电视等宣传工具也要加强利用,大张旗鼓地对公众宣传道德模范人物的先进事迹。首先,要注意树立不同层次、不同类型的道德模范人物,而且类型也要多样为好,要包含"助人为乐""见义勇为""敬业奉献""诚实守信""孝老爱亲"等优秀品格且不同类型的道德模范人物,同时兼顾地区差异,从而达到"点亮一盏灯照亮一大片、抓好一个点牵动一个面、树立一个人带动一群人"的目的。其次,要正确对待道德模范人物。道德模范人物发掘、树立以及培育起来以后,就要向广大干部和群众进行宣传和教育,引领公众虚心地向道德模范人物学习,从而在社会逐步形成一个争先学习道德模范人物的良好社会风气。以道德模范人物的理想人格激励和鼓舞一批又一批的后来者。学习道德模范人物主要是学习他们高尚的精神和优秀的品格,以激励个人的进步,要将道德模范人物的高尚精神内化于心、外化于行,而不是简单模仿。要把学习道德模范人物与提高公众的道德水平密切结合起来,只有这样,学习道德模范人物的活动才能深入持久地开展下去。

(四) 加强道德模范人物影响力的维护与提升

在公民道德建设发展中,道德模范人物是人们学习效仿的标准,该功能所具有的感染力和影响力是不可忽视的,一旦道德模范人物的品行遭到质疑和争议,他们的示范性功能也将受到弱化。因此,加强对道德模范人物育人威信的维护与提升,是确保道德模范人物榜样作用获得发挥的关键。要想道德模范人物发挥作用,就必须有计划、有目的、持久性地对道德模范人物进行培养。同时,避免过多地参加社会活动影响正常生活和工作,形成良好的社会风气,鼓励人们以虚心、尊重的态度向道德模范人物学习,并与思想和本职工作紧密联系起来,而不是一味地模仿。加强对区域性道德模范人物的道德品质的研究,进行理论提升。只有对道德模范人物的道德品质进行理论提升,才能理解其产生的必然性,要对道德模范人物进行总结并分析其特点,提升其普遍性,让其产生更为广泛的影响力。道德模范人物的崇高道德品质离不开地区文化的熏陶和滋养,在海南省的道德模范人物中,如吴昌汝、江绍满、王明奎等人的仁者爱人、重情重义等品格,无不显示出其地区文化的特点。道德模范人物的崇高道德品质也各有特点,形成了鲜明的个性,与其自身的修养密不可分,但也具有普遍性,更是时代精神的体现。将其崇高的道德品格鲜明化,道德模范人物功能才能在公民道德建设发展中更好地被应用。

总的来说,道德模范人物在推动社会道德建设和社会建设的做法上都取得了巨大成功,得到了社会各界的广泛认可。这表明:首先,道德模范人物在社会道德建设中发挥了不可替代的作用,公众对他们的贡献和影响给予了高度评价。道德模范人物得到社会的尊崇,才会有更多的人向其学习。其次,学习"道德模范人物"作为公民道德建设的一个创举,它对推动社会主义精神文明建设发挥了重要的作用,具有极大的推广价值和社会意义。

道德模范人物作为时代楷模和道德典范的同时,他也是普通的人,正所谓"金无足赤,人无完人",道德模范人物也有七情六欲、喜怒哀乐,也有其不足之处,也会犯错误。道德模范相比于平常人来说,他们承受的心理压力也是巨大的。所以,我们在向他们看齐、学习的同时,也要对他们多一分理解、关心和体谅。要客观认识他们的缺点,宽容他们的某些错误,不能吹毛求疵、求全责备。道德模范为社会进步做出了奉献，社会也要为道德模范健康成长创设良好氛围。社会道德建设是一项长期而艰巨的系统工程，不可能一蹴而就，毕其功于一役。社会道德建设进程中出现波折和反复是正常的，符合事物发展的辩证逻辑，即使出现某些道德滑坡现象，也在所难免，不必大惊小怪。要有长期建设的心理准备，勇于正视问题，既不能对道德建设存在的问题熟视无睹、放松警觉，也不能遇到问题就惊慌失措、丧失信心。坚定信心、勇敢面对，才是应有的态度。重视培养和宣传时代道德模范，充分发挥道德模范在建设中国特色社会主义伟大事业中的示范、引领和带头作用，从而促进整个社会的物质文明、精神文明和生态文明的发展与进步。道德模范人物是社会发展进步的产物，内涵丰富而深刻。因此，研究道德模范人物对社会道德建设的积极作用，意义重大而深远。

　　根据海南公民对道德模范人物调查问卷分析结果总结，主要体现为以下五个方面：第一，在与受访者的沟通中了解到，公众对道德素质的理解太过于狭隘甚至是偏见，认为只有文化程度高的人才是道德素质高的，在他们眼中，大多数底层工作人员及受教育水平低的人都与高道德水平无关，海南公民认为道德水平与受教育程度有很大的关系。第二，大多数受访者对于道德模范的概念比较模糊，认为只要是和善的、乐于帮助人的、不与人发生矛盾的都是道德模范，由此可知海南公民对德模范人物还存在一些不明朗的认识。第三，海南公民认为道德模范人物对其行为是有影响力的，他们认为道德模范人物能在潜移默化的过程中通过与人的社会交往和表现，对人们的日常行为举止都会产生一定的影响。第四，在对比调查数据中发现，各个年龄段的公民认为道德模范人物的社会影响力较大的都占到一半以上，而认为影响小或没有影响的比例都较小。第五，通过对调查数据的进一步比较发现，从整体上说来，受教育程度越高，对道德模范人物的社会影响力认可度越高。可见，教育对于社会发展极具重要性。

（苏海娇、李瑾）

分报告之六　海南公民网络道德状况调查

现今，网络技术在人们的工作、生活以及学习中所发挥的作用越来越大，在社会现代化进程中所占据的地位也越来越高，与此同时，网络生活领域所产生的网络道德问题也对现实社会伦理产生了一定的影响。所谓网络道德，就是在网络环境中，活动着的个人、组织所应当遵守的调整人与人之间、人与社会之间的关系和利益的道德规范准则的总和，其目的是引导和约束人的行为，使网络世界得以合理建造和运行，以支持人们进行正常网络活动。网络道德建设是海南文明建设的重要组成部分，具有特殊地位，发挥着巨大的作用，其对于海南建设国际旅游岛具有十分重要的意义。此次研究，目的是了解海南省公民的网络道德整体状况，明确网络道德建设主要方向和具体任务，以促进海南精神文明建设，推动国际旅游岛发展。

一　研究背景

进入20世纪90年代以来，现代科学技术发展迅速，社会信息化进程加快，网络已然成为人们生活的传播媒介和虚拟环境，并改变着人们的思维方式、行为习惯以及社会结构等。互联网在为公众提供合理配置的信息资源的同时，也带来了一定的负面影响。互联网时代的到来，伴随着一些道德问题的产生，对社会道德伦理产生了巨大的冲击。对此研究，深入分析问题症结，探索有效的道德教育内容和具体途径，以充分发挥网络作为道德教育载体的功能与优势。随着海南开展国际旅游岛建设以来，海南的经济、政治以及文化等各个方面都产生了巨大的变化。其中，新兴媒体和网络技术平台不断得以科学运用和大范围普及。海南公民在网络虚拟社会中进行多样化的交往活动时，不可避免地会产生一些道德问题，从而引发严重的网络道德危机和失范。因此，为明晰信息化时代背景下海南公民的整体网络道德水平现状，了解其存在的问题，提供有效解决方式和途径，以提升海南公民的网络道德素质，促进网络道德建设，推进海南国际旅游岛文明建设，我们进行了系统的调查和深层的分析。

二　研究设计

（1）问卷设计：本次问卷共分三部分，第一部分为调查对象基本信息，包含性别、年龄、户籍、职业、收入、婚姻状况、居住地方以及受教育程度等内容；第二部分为问卷主体，主要包含海南公民道德素质状况、社会公德、家庭美德、职业道德、网络道德、社会主义核心价值观以及道德模范等内容，其中，网络道德模块，涉及的问题有海南公民关于目前网络道德素质的评价、海南公民网络文明用语使用情况以及海南公民如何评价网络影响等。第三部分主要论及道德问题产生原因以及改善途径等。

（2）调查形式与方法：本次调查对象为各个年龄层次的海南省省内居民，所采取的方法是分层随机抽样的问卷调查法和访谈法。调查时间为2016年7月4日—15日，调查地点为海南海口、三亚、琼海、陵水以及儋州等市县。

（3）问卷发放情况：本次调查共发放问卷1200份，回收有效问卷1150份，有效回收率95.83%。

（4）问卷信度：本研究通过SPSS分析软件对所获得的1150份问卷进行数据分析和信度检验。本次问卷所有数据相关性分析均通过卡方检验（$P<0.05$）。

三　调查结果

1. 受访者对当前网民网络道德素质满意度不到三成

数据显示，在看待"您认为当前网民的网络道德素质怎么样"的问题上，9.2%的受访者认为当前网民的网络道德素质"很好"，14.4%的受访者认为"比较好"，59.8%的受访者认为"一般"，12.5%的受访者认为"比较差"，此外，还有4.1%的受访者认为

"很差"（见表 2-42）。数据说明，绝大多数海南公民对目前的网络道德素质评价不高，满意度甚至低于三成，亟待提升。在调查过程中，有部分受访者表示，当前网络环境较为复杂，不文明现象存在较多，如网络暴力、传播虚假信息以及网络色情等。

表 2-42　　您认为当前网民的网络道德素质怎么样？

	人数（人）	百分比（%）
很好	106	9.2
比较好	166	14.4
一般	688	59.8
比较差	144	12.5
很差	46	4.1
合计	1150	100.0

从性别层面分析，26.4%的男性公众认为当前网民的网络道德素质状况"很好"和"比较好"，21.3%的女性公众持此观点；还有20.4%的男性公众对当前网民的网络道德素质感到不满意，女性则为13.3%（见表 2-43）。从年龄层面来看，不同年龄段的公众对网民网络道德素质的评价存在一些相关性。年龄越小，对网民网络道德素质评价的不满意度越高。"18岁以下"群体对当前网民的网络道德素质不满意度最高（24.3%），其次是"18—29岁"群体（17.1%），再次是"30—39岁"群体（14.4%），然后是"40—49岁"群体（13.1%）和"50—59岁"群体（10%），最低的是"60岁以上"群体（11.1%）。就满意度来说，"50—59岁"群体对当前网民的网络道德素质满意度最高（35%），"18—29岁"群体对此满意度最低（17.1%）（见表 2-44）。

表 2-43　　性别与当前网民的网络道德素质评价的相关性（%）

性别	很好	比较好	一般	比较差	很差	合计
男	11.0	15.4	53.1	14.7	5.7	100.0
女	7.7	13.6	65.4	10.7	2.6	100.0
合计	9.2	14.4	59.8	12.5	4.0	100.0

表 2-44　年龄与当前网民的网络道德素质评价的相关性（%）

年龄	很好	比较好	一般	比较差	很差	合计
18 岁以下	10.8	14.9	50.0	16.2	8.1	100.0
18—29 岁	6.5	13.1	63.3	13.1	4.0	100.0
30—39 岁	7.6	17.9	60.2	11.6	2.8	100.0
40—49 岁	16.4	12.3	58.2	9.8	3.3	100.0
50—59 岁	16.7	18.3	55.0	8.3	1.7	100.0
60 岁以上	27.8	5.6	55.6	11.1	0	100.0

从受教育程度的因素来看，"不识字或识字很少"群体对当前网民的网络道德素质状况不满意度最高（23.4%），其次是"高中、职高、中专"群体（19.5%）和"小学"群体（19.3%），再次是"大专"群体（15.1%），然后是"初中"群体（14.5%）和"本科"群体（12.9%），最低的是"研究生"群体（11.8%）。就满意度而言，"不识字或识字很少"群体对当前网民的网络道德素质状况满意度最高（36.7%），其次是"大专"群体（29.8%），再次是"研究生"群体（29.4%），然后是"小学"群体（29.1%）、"初中"群体（24.8%）和"本科"群体（20.8%），最低的是"高中、职高、中专"群体（19.7%）（见表 2-45）。从居住地方因素来看，"城市"公众与"农村"公众对网络道德素质状况的满意度分别为 22.8% 和 25.4%，都未及三成（见表 2-46）。

表 2-45　受教育程度与当前网民的网络道德素质评价的相关性（%）

受教育程度	很好	比较好	一般	比较差	很差	合计
不识字或识字很少	26.7	10.0	40.0	16.7	6.7	100.0
小学	9.7	19.4	51.6	16.1	3.2	100.0
初中	11.1	13.7	60.7	10.3	4.2	100.0
高中、职高、中专	7.5	12.2	60.9	14.3	5.2	100.0
大专	11.7	18.0	55.2	12.7	2.4	100.0
本科	5.1	15.7	66.3	10.1	2.8	100.0
研究生	5.9	23.5	58.8	11.8	0	100.0

表 2-46　现在居住地与当前网民的网络道德素质评价的相关性 (%)

现在居住地	很好	比较好	一般	比较差	很差	合计
城市	8.5	14.3	61.3	12.2	3.6	100.0
农村	10.7	14.7	56.5	13.3	4.8	100.0

从职业因素来看，"农民"群体对当前网民的网络道德素质状况评价最高（30.5%），其次是"党政机关人员"群体（28.4%），再次是"其他"群体（27.4%），然后是"教师"群体（24.5%）、"个体户"群体（23.6%）、"学生"群体（19.7%）、"军人"群体（18.2%），对此评价最低的是"工人"群体（17.1%）。从不满意度方面来看，"学生"群体最高（22.4%），第二是"农民"群体（20%），第三是"军人"群体（18.2%），第四是"个体户"群体（16.7%），第五是"工人"群体（15.1%）、"其他"群体（12.2%）、"党政机关人员"群体（12.2%），最后是"教师"群体（11.1%）（见表 2-47）。从政治面貌层面分析，"其他党派人士"群体对当前网民的网络道德素质状况评价最高，满意度为（37%），其次为"中共党员"群体（32.2%），再次为"无党派人士"群体（23.7%），最后为"共青团员"群体（19.5%）。值得一提的是，"其他党派人士"群体对当前网民的网络道德素质不满意度也是最高的，达 29.6%，其次为"共青团员"群体（18.3%），再次为"无党派人士"群体（16.7%），最后为"中共党员"群体（8.7%）（见表 2-48）。

表 2-47　职业与当前网民的网络道德素质评价的相关性 (%)

职业	很好	比较好	一般	比较差	很差	合计
党政机关人	12.2	16.2	59.5	12.2	0	100.0
教师	8.9	15.6	64.4	11.1	0	100.0
军人	9.1	9.1	63.6	18.2	0	100.0
学生	6.2	13.5	57.9	17.4	5.0	100.0

续表

职业	很好	比较好	一般	比较差	很差	合计
个体户	8.9	14.7	59.7	10.5	6.2	100.0
工人	7.5	9.6	67.8	13.0	2.1	100.0
农民	11.6	18.9	49.5	14.7	5.3	100.0
其他	11.8	15.6	60.3	8.8	3.4	100.0

表2-48　政治面貌与当前网民的网络道德素质评价的相关性（%）

政治面貌	很好	比较好	一般	比较差	很差	合计
中共党员	14.1	18.1	59.1	8.7	0	100.0
共青团员	6.8	12.7	62.3	13.7	4.6	100.0
其他党派人士	22.2	14.8	33.3	18.5	11.1	100.0
无党派人士	9.0	14.7	59.6	12.4	4.3	100.0

从这里，我们可以看出，海南省整体网络道德环境不容乐观，急需以有效措施完善网络道德建设，提升海南公民的网络道德素质。在调查过程中，部分受访者表示，网络暴力、网络失信、网络诈骗以及网络色情等行为屡有发生，亟须改善。所以，我们应进一步推进网络道德教育建设，打击各种不道德行为，以营造网络文明环境。其中，广大青少年是道德教育的重要对象。

2. 超过五成的受访者不积极使用网络文明用语

研究表明，在问及"您注意使用网络文明用语吗"时，41.4%的受访者表示"非常注意"，48.1%的受访者表示"偶尔注意"。另外，有6.1%的受访者表示从不注意使用网络文明用语（见表2-49）。从目前的数据来看，有过半的受访者并不注意使用网络文明用语，不利于网络文明环境的营造。

表 2-49　　　　　　　　您注意使用网络文明用语吗?

程度	人数（人）	百分比（%）
非常注意	476	41.4
偶尔注意	553	48.1
从不注意	70	6.1
从不上网	51	4.4
合计	1150	100.0

从受教育程度的角度分析，最不积极使用网络文明用语的群体是"小学"（71%），其次是"初中"（63.7%），再次是"不识字或识字很少"（63.4%），然后是"大专"（60.9%）、"高中、职高、中专"（58.5%）、"本科"（47.2%），最后是"研究生"（41.2%）（见表2-50）。从性别角度分析，女性公众（42.6%）积极使用网络文明用语的比例高于男性公众（40%）（见表2-51）。从政治面貌的因素来看，最为积极使用网络文明用语的群体是"中共党员"（51%），其次是"无党派人士"（40.8%），再次是"共青团员"（39%），最后是"其他党派人士"（37%）（见表2-52）。由此可以看出，应加强党员和团员的网络道德教育，以发挥其先锋模范作用。网络道德建设是一项紧迫而又重要的任务。

表 2-50　　　受教育程度与使用网络文明用语的相关性（%）

受教育程度	非常注意	偶尔注意	从不注意	从不上网	合计
不识字或识字很少	36.6	46.7	6.7	10.0	100.0
小学	29.0	32.3	25.8	12.9	100.0
初中	36.3	47.7	8.4	7.6	100.0
高中、职高、中专	41.5	48.9	4.7	4.9	100.0
大专	39.1	54.1	6.3	0.5	100.0
本科	52.8	43.3	2.8	1.1	100.0
研究生	58.8	41.2	0	0	100.0

表 2-51　　　性别与使用网络文明用语的相关性（%）

性别	非常注意	偶尔注意	从不注意	从不上网	合计
男	40.0	48.2	7.0	4.8	100.0
女	42.6	48.0	5.3	4.2	100.0

表 2-52　　　政治面貌与使用网络文明用语的相关性（%）

政治面貌	非常注意	偶尔注意	从不注意	从不上网	合计
中共党员	51.0	38.3	8.7	2.0	100.0
共青团员	39.0	54.4	4.1	2.5	100.0
其他党派人士	37.0	59.3	0	3.7	100.0
无党派人士	40.8	45.8	7.1	6.4	100.0

从职业因素来看，最为积极使用网络文明用语的群体是"教师"（53.3%），其次是"个体户"（46.5%），再次是"党政机关人员"（45.9%），然后是"其他"（40.8%）、"工人"（39%）、"学生"（37.8%）、"农民"（34.7%），最后是"军人"（27.3%）（见表2-53）。由此可知，党员干部、青少年以及军人是网络道德教育的主要对象，具有重要意义。从年龄层面分析，最为积极使用网络用语的群体是"60岁以上"（61.1%），其次是"40—49岁"（45.9%），再次是"30—39岁"（43.4%），然后是"50—59岁"（43.3%）、"18岁以下"（39.9%），最后是"18—29"岁（39%）（见表2-54）。从居住地因素分析，"城市"群体（42.5%）积极使用网络文明用语的比例高于"农村"群体（39%）（见表2-55）。

表 2-53　　　职业与使用网络文明用语的相关性（%）

职业	非常注意	偶尔注意	从不注意	从不上网	合计
党政机关人员	45.9	47.3	5.4	1.4	100.0
教师	53.3	40.1	4.4	2.2	100.0

续表

职业	非常注意	偶尔注意	从不注意	从不上网	合计
军人	27.3	72.7	0	0	100.0
学生	37.8	55.3	4.6	2.3	100.0
个体户	46.5	43.8	7.0	2.7	100.0
工人	39.0	45.2	5.5	10.3	100.0
农民	34.7	44.3	10.5	10.5	100.0
其他	40.8	48.9	6.1	4.2	100.0

表2-54　　　年龄与使用网络文明用语的相关性（%）

年龄	非常注意	偶尔注意	从不注意	从不上网	合计
18岁以下	39.9	51.3	5.4	3.4	100.0
18—29岁	39.0	53.2	5.8	2.0	100.0
30—39岁	43.4	48.6	4.4	3.6	100.0
40—49岁	45.9	32.8	12.3	9.0	100.0
50—59岁	43.3	28.4	5.0	23.3	100.0
60岁以上	61.1	27.7	5.6	5.6	100.0

表2-55　　　现居地与使用网络文明用语的相关性（%）

现在居住地	非常注意	偶尔注意	从不注意	从不上网	总计
城市	42.5	47.3	5.9	4.3	100.0
农村	39.0	49.7	6.5	4.8	100.0

3. 超过五成的公众认为网络具有积极影响

调查结果显示，当问及"网络带给人们的影响是什么"时，58.2%的公众认为"积极影响"，30.8%的公众认为网络具有"消极影响"，此外，有11%的公众认为网络对人们没有任何影响（见表2-56）。可以看出，网络在人们的工作、生活以及学习中发挥出了不小的积极作用，但同时，网络普及范围还需扩大。

表 2-56　　　　　　　您认为网络带给人们的影响是？

何种影响	人数（人）	百分比（%）
积极影响	669	58.2
消极影响	354	30.8
没有影响	127	11.0
合计	1150	100.0

进一步研究发现，女性公众（58.7%）认为网络具有积极影响的比例高于男性公众（57.5%）（见表2-57）。从年龄段的角度分析，"40—49岁"群体（64.8%）认为"积极影响"的比例高于其他群体，"18岁以下"群体（39.9%）认为"消极影响"的比例高于其他群体，而"50—59岁"群体（23.2%）认为"没有影响"的比例高于其他群体（见表2-58）。从受教育程度分析，"积极影响"比例最高的群体为"本科"（78.7%），"消极影响"比例最高的群体为"小学"（48.4%），"没有影响"比例最高的群体为"初中"（17.6%）（见表2-59）。

表 2-57　　　　性别与网络带给人们的影响评价的相关性（%）

性别	积极影响	消极影响	没有影响	合计
男	57.5	31.2	11.2	100.0
女	58.7	30.4	10.9	100.0

表 2-58　　　　年龄与网络带给人们的影响评价的相关性（%）

年龄	积极影响	消极影响	没有影响	合计
18岁以下	54.1	39.9	6.1	100.0
18—29岁	59.3	32.2	8.5	100.0
30—39岁	55.8	28.3	15.9	100.0
40—49岁	64.8	24.5	10.7	100.0
50—59岁	60.0	16.7	23.3	100.0
60岁以上	38.9	38.9	22.2	100.0

表 2-59　受教育程度与网络带给人们的影响评价的相关性（%）

受教育程度	积极影响	消极影响	没有影响	合计
不识字或识字很少	60.0	30.0	10.0	100.0
小学	38.7	48.4	12.9	100.0
初中	43.9	38.5	17.6	100.0
高中、职高、中专	55.0	34.0	11.0	100.0
大专	67.3	24.4	8.3	100.0
本科	78.7	16.2	5.1	100.0
研究生	64.7	29.4	5.9	100.0

从职业角度分析，选择"积极影响"比例最高的群体为"学生"（64.5%），选择"消极影响"比例最高的群体为"军人"（45.5%），选择"没有影响"比例最高的群体为"工人"（25.3%）（见表2-60）。从政治面貌角度分析，选择"积极影响"比例最高的群体为"中共党员"（65.1%），选择"消极影响"比例最高的群体为"其他党派人士"（40.7%），选择"没有影响"比例最高的群体为"其他党派人士"（14.8%）（见表2-61）。从居住地因素分析，"城市"群体选择"积极影响"的比例（60.4%）高于"农村"群体（53.1%），而"农村"群体选择"消极影响"的比例（35.9%）高于"城市"群体（28.5%）（见表2-62）。随着网络应用的不断普及，其优势不断扩大，如何利用网络平台深入推进道德教育以及构建和谐文明的网络环境值得研究。

表 2-60　职业与网络带给人们的影响评价的相关性（%）

职业	积极影响	消极影响	没有影响	合计
党政机关人员	62.2	29.7	8.1	100.0
教师	64.4	33.2	2.2	100.0
军人	36.4	45.5	18.1	100.0
学生	64.5	32.0	3.5	100.0
个体户	56.2	32.2	11.6	100.0
工人	51.4	23.3	25.3	100.0
农民	44.2	41.1	14.7	100.0
其他	61.5	27.8	10.7	100.0

表 2-61　政治面貌与网络带给人们的影响评价的相关性（%）

政治面貌	积极影响	消极影响	没有影响	合计
中共党员	65.1	28.2	6.7	100.0
共青团员	63.0	29.9	7.1	100.0
其他党派人士	44.5	40.7	14.8	100.0
无党派人士	53.7	31.6	14.7	100.0

表 2-62　居住地与网络带给人们的影响评价的相关性（%）

现在居住地	积极影响	消极影响	没有影响	合计
城市	60.4	28.5	11.1	100.0
农村	53.1	35.9	11.0	100.0

四　存在的问题及原因分析

（一）网络违法行为致使网络文化环境发展恶劣

随着现代网络信息技术的发展，越来越多的违法犯罪行为通过网络这一途径来实施，例如网络电信诈骗。犯罪分子通过网络编造虚假信息，从而设置骗局，对受害人实施远程、非接触式的诈骗，诱使受害人给犯罪分子打款或转账。

2016 年 3 月 15 日，青岛市消费者权益保护委员会联合 42 家消费维权单位共同发布《"打击网络欺诈　确保消费安全"分析报告》[①]，以下简称《报告》。《报告》显示，从 2015 年 10 月 "打击网络欺诈　确保消费安全"活动启动以来，截至 2016 年 2 月 29 日，共收到网络欺诈、电信诈骗举报 85173 条，其中 39039 个不法网址、诈骗电

---

① 李燕京：《"打击网络欺诈　确保消费安全"分析报告》，http://www.ccn.com.cn/330/566672.html，2016-03-16。

话被列入安全联盟黑名单,并同步被腾讯、搜狗、金山等国内数十家主流互联网应用平台进行全网拦截和预警。《报告》分析,网络欺诈正呈现诈骗手法多样化、诈骗对象精准化、连环诈骗普遍化、被骗对象年轻化的"四化"特点。

《报告》显示,网络诈骗的类型与消费热点呈现同步态势。2015年11月和12月,随着各电商针对"双十一""双十二"和圣诞节等促销活动的开展,以电商之名的诈骗活动也随之增多,其中以电商退款诈骗居多。2016年1月和2月,元旦、春节假期,全国各地返乡、旅游热潮出现,各种退票改签诈骗增多。春节期间,阿里、腾讯等各大网络平台发动红包大战,进而形成"全民发红包、抢红包"的态势,随之而来的是各种虚假红包诈骗急剧增多。

在这些举报的欺诈信息中,48549条是通过PC端传播,占总量的57%,36624条通过移动端传播,占总量的43%,其中移动端传播数量增长迅速。值得注意的是,网络诈骗具有较为明显的时间分布差异。从每周举报数据来看,周一、周五的举报数量约占一周举报总量的35%,高于一周中的其他时间;而周六、周日举报数量则是一周内最少的时间。[①]

网络诈骗屡禁不止,而其产生的不良影响也不容忽视。网络诈骗容易形成恶劣的网络文化,使部分网民,尤其是青少年群体,从中接收不良的信息,从而走向违法犯罪的道路。

近年来,我国颁布了《互联网文化管理暂行规定》《互联网信息服务管理办法》《中华人民共和国电信条例》等网络法律规章制度,以加强对互联网文化的管理,保障网民的合法权益,促进互联网文化健康、有序的发展。但由于立法程序的滞后性以及法律打击仅限于那些造成严重恶果的行为,大多数网络违法犯罪行为并不能得到有效遏制,网络上色情、暴力的信息仍旧猖狂。这些不良信息以及不良网络

[①] 节选自《网络诈骗大数据发布:受害者四成是90后》,《青岛早报》2016年3月16日。

行为都会使网络文化环境发展恶劣。

这个问题产生的原因是网络立法不完善,同时执法力度弱,不能够有效地阻止网络违法行为的发生及控制其影响范围。在有法可依的同时,我们应做到执法必严、违法必究,才能够维护我国法律的尊严。

(二) 海南当地未能形成特色网络文化,以及网络文明用语宣传力度弱

在社会实践调查中我们发现,海南当地并未形成独具其特色的网络文化。拥有当地特色的网络文化,能够营造一种良好的网络文化影响氛围,使每一个身处其中的人都可以受到良好的影响,从而形成良好的网络文化风气。然而在实践过程中我们可以看到,海南当地并没有特色网络文化,因此海南的人民并没有受到良好的影响,对网络的认识也会有很多方面的不足。

这个问题产生的原因是海南当地并没有认识到建设海南特色网络文化的重要性,因此忽视了特色网络文化的建设。建设特色网络文化能够更大范围地对当地人民产生良好的影响,这是不可忽视的。

(三) 网络文化教育在海南并不受重视

随着网络的不断发展,网络道德教育日益紧迫。在海南,学校只传授网络技术理论,而较少涉及道德伦理问题。所以,学校在教授网络技术课程的同时,要注重传授网络道德规范,同时也要借助各种海南媒体宣传网络道德规范,开展网络道德评价,引导网络道德,并把网络道德教育切实融入教育系统之中,形成注重网络道德建设的社会环境。如今,网民越来越偏向于低龄化,部分青少年群体接触网络的时间也要比成年人的时间更长一些。国家互联网信息中心发布数据显示,截至2015年底,中国网民总数已达6.88亿人,其中年龄低于10岁的网民超过1800万人。一家大型互联网公司发布报告称,有56%的儿童初次上网年龄低于5岁。众所周知,长时间看屏幕可能会导致青少年视力下降,同时网络上的不良信息可能会诱导青少年犯罪,而沉迷网络也可能会使青少年性格孤僻。由此可见,网络道德教育的重

点是青少年，学校教育应成为网络道德教育的主渠道。而海南对于网络道德教育的重视程度却远远不够。

此问题在全国各地也是较为普遍存在的。当下学校更加重视主科的教学工作，对副科的教学往往不够重视。应试教育使现在的学生及家长们更加看重成绩，因为这可能决定着学生未来的发展方向。但是，学校应在主抓知识教育的同时，注重网络道德素质的培养，不能因升学压力而忽视了网络道德教育。这才能够让学生较为全面地发展成长。所以，学校及教育部门应该重视这方面的教育。

五 对策及建议

海南公民网络道德素质的培养和提升，是加强自身文化软实力的重要途径，同时，在海南国际旅游岛建设的大背景下，加强海南公民网络道德素质也具有更深层次的意义。在建设过程中，每一个细节都能够体现海南省公民的道德素质，更何况是在网络日益发展的今天。为了推进海南发展，提高公民网络道德素质势在必行。根据我们在社会实践中调查的结果显示，海南岛的公民网络道德素质的提升仍旧面临着巨大的挑战，基于其中显现出来的问题，我们可以从以下几个方面着手。

（一）完善网络相关法律法规并大力宣传，严格执法

我国在近些年发布了许多相关的网络法律法规，以净化网络环境，规范网络行为，提高网络对网民们的积极作用，减轻消极作用的影响。在使用法律手段的同时，道德手段也是必要的。在执法的同时，将相关的网络道德进行宣传教育，能够使良性影响带来的效果增加。故法律手段也需要道德评价的补充，只有法律制约与道德规范形成相辅相成的良性互动，才可能使网络世界在有序中实现发展。因而，海南政府应根据当地网络环境状况制定相关政策，有效打击那些严重危害社会发展的网络犯罪行为，为网络道德建设创造了一个较好的法治环境。

(二) 加强建设本地特色网络文化，以先进文化引导海南公民，同时宣传网络文明用语，营造绿色网络氛围

网络文化对传统文化所产生的巨大冲击，正在逐步地改变着人们的思维方式、价值观念和行为方式。为此，一定要从客观实际的角度出发，用科学的、大众的、民族的本地文化去占领网络阵地，进而引导社会主义文化的发展。与此同时，要在内容和形式上下功夫，努力建设广大网民喜闻乐见的网络文化，使其在潜移默化中教育和引导网民，提升网络道德。此外，要注重发挥网络本身的优势和特点，努力把网络建成网络道德教育的主阵地和整个德育工作的新载体，开创新世纪网络建设和道德教育的新局面，以促进社会主义网络文化建设。

从调查数据中可以看出，在调查的人员中，有41.1%的公民非常注意网络文明用语的使用，48.1%的公民偶尔注意网络文明用语的使用，6.1%的公民从来不注意网络文明用语的使用。非常注意网络文明用语使用的公民并没有超过我们调查人数的半数，而偶尔注意和从不注意使用网络文明用语的公民则超过了半数。这说明有过半的公民并不重视网络文明用语。实际上，网络文明用语看似并不起眼，但是它却拥有很大的影响力。网络文明用语的使用是影响网络文化氛围形成的一个关键因素，让公民们了解到网络文明用语的重要性，既能够营造良好的网络氛围，也能够对公民的道德素质产生好的影响。因此我们应该对网络文明用语的重要性进行普及和宣传，充分运用新媒体和传统媒体相结合的方式来进行宣传，让每一个公民都能够认识到网络文明用语的重要性。

(三) 重视网络道德教育，同时在生活中宣传网络道德规范

网络道德教育对学生的影响更多地来自于学校教育，因此我们必须重视学校里对学生们的教育。学校在进行网络道德教育的过程中，要注意从道德角度引导学生正确认识计算机和网络的作用，提高他们的辨别能力，自觉抵御不良网络信息的诱惑。此外，家庭是对公民进行网络道德教育的基本场所。重视学校和家庭教育，引导公民正确利

用网络，能够使网民们的网络道德得到提升。

在进行网络道德教育的同时，海南政府和社会应对网络道德素质进行积极宣传，对网民的行为进行合理引导，从而形成一定的正面影响。宣传的途径可以是销售人员友善的提醒，或者编辑有关网络道德素质的手册，将其与互联网产品捆绑推广。也可以在小区或者社区里设置公益广告牌，用醒目而不夸张的方式来提醒网民重视自身的网络道德。

（吴艳倩、郭蔚然）

第三章

访谈记录与调研日记

一 访谈记录（1—23号）

1号

时间：2016年7月5日
地点：儋州某中学
访谈对象：某中学老师
采访者：吴艳倩
记录员：苏海娇

问：在海南的发展中，公民道德素质是否重要，是否会间接地推动经济的发展？
答：比较重要，会推动经济的发展。
问：和过去相比，您认为公民的素质是否提高了，原因是什么？
答：整体提高了，原因是经济和政治的融合。
问：和其他地区相比，海南人的素质是高还是低？
答：没有太大区别。各省相互之间交流，界限没有那么明显。
问：儋州的治安、交通和自然环境如何？
答：治安还不是很好，需要提高；交通还可以；自然环境很好，山好，水也好。
问：您觉得一个家庭中最重要的是什么？比如夫妻和睦，关心后代等。
答：夫妻和睦比较重要，夫妻之间关系好了，其他也就好了。
问：海南服务业的从业人员服务态度怎么样？

答：不怎么好，还需要培训，需要进行职业道德教育。

问：当地政府有没有进行相关的道德宣传教育？比如播放教育片、展示展板、标语，有没有起到实质性作用？

答：很少，最近经常见到社会主义核心价值的横幅，但只是把文字展现出来，没有起到道德教育的实质性作用。

问：提高公民道德素质，您觉得应该从哪个方面做起？比如说学校教育、政府宣传、家庭教育、个人修养等。

答：家庭影响比较大，学校教育更重要。

问：目前，海南公民在道德素质方面存在哪些问题？通过哪些方式解决？

答：诈骗行为比较多，政府要采取相应措施，进行监管，个人要提高防范意识，正确使用相关法律法规保护自己。

2 号

时间：2016 年 7 月 5 日

地点：开往澄迈的大巴车上

访谈对象：两位女性农民工

采访者：苏海娇、吴艳倩

记录员：苏海娇

问：你觉得公民素质对海南经济发展有影响吗？

答：有啊，有一定的影响。

问：你觉得海南公民素质比以前高还是低了？

答：海南公民的现在素质比以前高了很多了。

问：是什么原因导致现在公民素质的提高？

答：现在的教育条件好，公民自觉意识也提高了。

问：你觉得海南公民素质比其他省份的公民素质是低还是高？

答：海南人低一点啊，比其他内陆省份还是低的。

问：你觉得澄迈的治安怎么样？

答：这边的治安还可以啊，比以前好很多了。

问：你觉得海南现在的交通环境怎么样？

答：很好啊，比以前好了。

问：你觉得海南服务业的从业人员的态度怎么样？

答：都可以啊。

问：你认为一个和谐的家庭哪个因素重要，是教育子女、孝敬长辈还是夫妻和睦？

答：孝敬长辈啊。

问：澄迈政府有没有对公民进行道德宣传教育？

答：不太清楚，可能有吧。

问：你认为提高公民道德教育应该从哪方面入手？是依靠教育、家庭还是政府？

答：政府吧。

【简评】海南岛是中国唯一一个独立的热带海岛，其丰富的海产资源，茂密的植被、雨林，充足的阳光是大自然赋予它的固有资源。但仅仅停留在对自然环境的热爱和歌颂，显然不是各级政府和广大公民的愿景。在建设国际旅游岛的同时，提升公民的修养与素质，才是海南当下亟须做的。

3号

时间：2016年7月5日

地点：儋州市

访谈对象：大学生

采访者：吴艳倩、苏海娇

记录员：李同学

问：在整个社会发展中，经济发展对公民道德素质是否重要？

答：我觉得相对而言还是比较重要的。

问：与过去相比，海南人的道德素质是提高了还是降低了呢？原因是什么？

答：总体来说是提高了。因为总体都在发展，社会在不断进步，而且海南也正在建设国际旅游岛，经济的发展带动了精神层面的提升。

问：与其他省份和地区相比，海南人的素质是高一点还是低一点呢？

答：相对其他省份而言，海南人的素质相对较低。

问：具体表现在哪里呢？您为何会这样认为呢？

答：就从语言上讲，海南人喜欢说方言，不喜欢用普通话。

问：您觉得儋州的交通治安环境如何呢？

答：儋州现在的治安情况比前几年好一点。但交通环境有待提高，小贩占道严重。

问：那与海南省其他地方相比呢？

答：儋州情况还是好一点。

问：您觉得一个和谐的家庭最重要的是什么？

答：家庭成员间的相互信任。

问：您觉得海南省服务业中从业人员的服务态度如何呢？

答：整体上比较热情。

问：儋州政府是否进行过道德教育的宣传活动呢？

答：就我个人见到的而言，还是比较少的。

问：您觉得提高公民道德素质应该从哪些方面做起呢？

答：政府和学校要承担部分责任，家庭也要从小抓起。

问：您觉得当前海南人的道德素质具体存在哪些问题呢？要怎样解决？

答：讲脏话现象特别多，其他方面相比以前好很多。要解决问题，还需要政府加大宣传教育力度，使其内化于公民心中，当然公民后天的自我修养也是比较重要的。

4 号

时间：2016 年 7 月 5 日

地点：儋州市

访谈对象：海南退休老人

采访者：苏海娇

记录员：吴艳倩

问：爷爷，您认为公民的道德素质在海南经济和社会发展的过程中，重要吗？

答：重要啊，很重要。

问：为什么呢？

答：现在啊，不像以前的旧社会，像国民党领导那时候，那时候人民都不得好过咧，现在共产党领导了，解放全中国了就好了。现在的很多小孩没经历过那些事都不懂得珍惜这些好日子，不知道这些好日子来得有多不容易，现在社会安定了，人民素质好了，经济发展就好了。

问：那您认为海南和其他省份公民的道德素质相比一下，你认为海南公民的道德素质高一些呢还是低一些？

答：哎呀，这些要怎么说呢？每个地方素质都有高低，没有一定的咧，有的就很高，有些地方就没那么高了。

问：爷爷，您觉得咱们海南儋州的治安怎么样？

答：海南儋州的治安呢，最主要是在儋州市区这个治安，有些地方治安还是不太好，小偷多，打架的也很多。就前段时间，有人喝醉酒直接到我们家来打我们家金堂，也没什么原因，就是喝醉了酒，有什么想不通的，就找了一些人把我们金堂摁在家门口打起来了，后来我们就报警，第二天他家人就代他到家里道歉，他自己还不来。我们就说，下次再这么乱来，我们就直接在门口把他就地正法了。

问：那您认为儋州这边的交通怎么样？

答：哎哟，交通呢，怎么讲，人们开车有时候也是堵车。不是很好。

问：您认为海南的自然环境好吗？

答：好！很好！

问：您认为道德修养对家庭和睦的影响大吗？

答：大，很重要。

问：您觉得海南的一些酒店、景点的服务人员的服务态度好吗？

答：酒店没去过，旅游的地方不太清楚，医院的服务人员服务态度就很好。

问：您认为海南公民的道德素质存在什么问题？有哪些具体表现？

答：儋州市的公民道德就不太好，具体表现在爱打架、爱偷、爱抢。

问：那您认为这些问题该怎么解决好呢？

答：社会和家庭教育很重要，学校和家庭要结合去教育，现在的孩子老师怎么讲都不听，还会威胁老师。上课顶撞老师，还有说放假后要报复打老师的仔。这就是家里没教好。

5号

时间：2016年7月6日

地点：澄迈

访谈对象：服装店女老板

采访者：苏海娇、吴同学

记录员：符同学

问：您觉得在海南的发展中，公民道德素质重要吗？

答：重要。

问：您觉得与过去相比海南公民的道德素质是提高还是降低？

答：提高了。

问：您觉得海南公民的道德素质提高的原因是什么？

答：随着经济的发展和社会的进步提升的。

问：与其他外省相比您觉得海南人民的素质是高还是低？

答：整体比外省高一些。

问：您觉得澄迈的交通、治安情况如何？

答：一般。

问：您觉得澄迈当地的自然环境如何？

答：比较好。

问：您觉得一个和谐的家庭最重要的是什么？

答：家庭成员间和睦相处。

问：您觉得海南服务业工作人员的服务态度怎么样？

答：还好。

问：您是否有见过当地政府对公民进行道德素质宣传？

答：有。

问：您觉得要提升公民道德素质，政府、学校和家庭如何做？

答：政府应该加强宣传和引导，社会要注重孩子的培养，父母要对孩子负责。

问：您认为目前海南人的道德素质存在哪些问题？请举一些具体的事例。

答：随意吐痰、打架现在都比较少见，闯红灯的人比较多，公民应该加强个人素质修养。

6 号

时间：2016 年 7 月 9 日

地点：屯昌县东风中路明珠广场

访谈对象：一位商场个体户（女，26 岁）

采访者：王同学、廖同学

记录员：廖同学

问：您好。和过去几年相比起来，您觉得海南人的素质是提高了还是降低了？为什么？

答：我认为整体上还是提高了。因为社会经济水平的不断提高，大家的生活环境也在逐渐改善，就屯昌县城来说，这些年来，至少社会治安有了很大改变，街道也变得干净许多。

问：那您觉得，除了治安和自然环境以外，交通环境怎么样？

答：交通环境也是在逐渐变好，至少有红绿灯的地方大家都会遵守秩序，不会乱闯乱撞。

问：那您认为，在海南的经济社会发展过程中，公民的道德素质是否重要？

答：肯定很重要。一个人的素质很大程度上也展现了一个地区甚至一个国家的基本素质，我觉得个人的道德素质是立足在这个社会非常重要的一个方面。

问：您的工作也是属于服务行业，那您觉得目前海南服务行业从业人员的服务态度怎么样？

答：从事服务行业的人员都是文化水平普遍不高的，所以在服务态度这个方面还是有待加强，我经常会碰见一些服务态度特别恶劣的服务员，所以我在卖衣服的过程中，会特别注意，语言上要让我的顾客舒心和满意，这样我的生意才会变得更好，也才能获取更多的利益。

问：您认为当地政府公务人员的服务态度和办事效率怎么样？

答：我认为屯昌县政府的办事效率还是比较低，态度说不上好也说不上不好，因为我们大多时间都忙着做生意，也很少与政府打交道，所以在这个方面没有太大的体会。

问：您认为提高公民素质应该从哪些方面做起？

答：我觉得起码从个人卫生做起，不随地吐痰、吐槟榔汁，还有不讲脏话，注意个人的言行举止，先从自身做起。

问：谢谢您对我们的访谈的配合，十分感谢！

【简评】在与受访者交谈的过程中，曾几次被打断，受访者在忙着做生意的同时也十分热心地接受我们的采访，这让我们非常感动，因为得到了理解和支持。受访者对我们所提出的问题总体上还是抱着乐观和肯定的态度,我们也感觉到受访者对现状的满足以及受访者个人良好素质的体现。受访者最后提出的观点认为,提高公民素质,需要从小事做起、从自身做起。

7 号

时间:2016 年 7 月 10 日

地点:琼中车站

访谈对象:车站工作人员,清洁阿姨(女,50 岁)

采访者:王同学、廖同学

记录者:廖同学

问:阿姨您好。和过去相比起来,您觉得海南人的素质是提高了还是降低了?为什么?

答:我觉得是提高了。因为社会是不断发展进步的,人也会不断发展进步,不可能越变越差吧。

问:阿姨,听您口音,您不是本地人吧?

答:对啊,我不是海南人,不过我在琼中车站工作很多年了,住在琼中也很多年,我老公就是琼中的。

问:那您认为,与其他省份和地区相比,海南人的素质是高一些还是低一些?

答:我认为和我们那里的差不多,没有说谁的更高或者谁的更低,我说不上来这个问题。

问:那您认为,在海南的经济社会发展过程中,公民的道德素质是否重要?

答:我认为很重要。我儿子也是大学生,他也经常教育我们在外面工作要注意自己的个人素质,不要和别人发生冲突什么的。就我的工作性质而言,我也很注重自己的个人卫生情况,不会给别人带来不好的影响。

问：阿姨您和您儿子关系一定很好。那您认为你们家庭里最重要的品德是什么？

答：我认为尊重长辈是很重要的，尊老爱幼。一方面要关心和照顾好自己的父母，另一方面要培养和教育好我的孩子，这样一代代传承下去。

问：那您认为提高公民素质应该从哪些方面做起？

答：我认为肯定是从个人卫生做起。最起码公共场合不要乱丢垃圾，不随便吐痰，我们搞清洁工作的最注重这一点。

问：您觉得我们应该怎么样解决这些关于公民道德方面的问题呢？

答：我觉得不管在学习还是工作过程中，学校和政府单位都应该进行教育，还有在日常生活中要注意个人的行为举止，不给别人带来坏的影响。

8 号

时间：2016 年 7 月 10 日

地点：琼中县某街道

访谈对象：环卫工人（女，40—49 岁）

采访者：王同学、廖同学

记录员：廖同学

问：阿姨您好。和过去相比起来，您觉得海南人的素质是提高了还是降低了？为什么？

答：提高了。因为卫生环境改变很多，我们工作也相对轻松了一点。

问：那您认为，与其他省份和地区相比，海南人的素质是高一些还是低一些？

答：我也没去过别的地区，也不知道别的地方的人素质怎么样，我认为海南人的素质普遍还是很不错的。

问：那您认为，在海南的经济社会发展过程中，公民的道德素质是否重要？

答：很重要。上学接受教育不就是为了提高自己的道德素质吗？所以有素质肯定很重要。

问：阿姨，那您觉得琼中这里的治安环境怎么样？交通环境和自然环境呢？

答：我觉得治安环境还是不错的，偶尔听说有打架的好像都是因为喝醉酒，白天几乎不会发生什么，而且也很少有小偷小摸的。自然环境是改变了很多，我们搞卫生的最能体会这一点，这几年街道都干净了许多。

问：当地政府或者您单位有没有对您和同事们进行过道德素质方面的宣传教育？

答：这个好像没有，就平常扫地会看见广告牌上有一些什么价值观的宣传，不知道具体说的什么内容。

问：那您认为，提高公民道德素质，应该从哪些方面做起呢？

答：肯定是从卫生做起嘛，这样我们上班也不这么累，大家都爱护环境爱护卫生，我们就轻松多了。

【简评】在琼中地区，通过对两位清洁阿姨的访谈，我们可以清楚地看到，受访者对海南公民道德素质持肯定态度，以及琼中地区近些年来自然环境的改善。两位受访者认为，提高公民道德素质最重要的就是爱护环境，保持环境卫生，这也与她们的日常工作息息相关。大家虽然对不同地方公民的素质问题没有进行比较，但都认为海南人的素质普遍都提高了。

9号

时间：2016年7月12日

地点：海口友谊广场

访谈对象：商场工作人员（男，30—39岁）

采访者：王同学、廖同学

记录员：廖同学

问：您好。和过去相比起来，您觉得海南人的素质是提高了还是降低了？为什么？

答：我感觉海南公民的素质比以前提高了。通过和顾客的相处，我感觉现在的人比较好说话，可能是因为经济发展的原因，大家生活水平提高了，个人的素质也相对提高了。

问：您认为海口的治安怎么样？交通环境和自然环境呢？

答：我认为海口的治安还是不错的，街上都有交警维持秩序，也有巡警不定时巡逻。我们商场内部也有监控设备和安保人员随时待命，就是解放路这一带人流量太大，小偷也比较多。自从海口"双创"以来，交通环境和自然环境肯定变好了很多，这都是我们海口市民有目共睹的，我觉得很满意。

问：那当地政府或者您单位有没有对您和同事们进行过公民道德素质方面的宣传教育？

答：我们单位经常会对我们进行职业道德上的培训，公民道德这一方面暂时还没有涉及，不过"双创"这一部分的内容我们还是接受过很多宣传教育的。

问：您认为，目前海南公民道德素质方面存在哪些问题？

答：我认为可能在社会公德这一方面还是有待加强。比如插队、不讲卫生、闯红灯，等等。

问：那您觉得，应该通过什么方式解决这些问题呢？

答：还是通过家庭教育吧。不管在学校、在社会还是单位都好，我觉得家庭教育还是最重要的，都说家长是孩子最好的老师，我觉得家长一定要以身作则，通过家庭教育的方式，一代接着一代传承下去。学校教育也好、政府还是单位教育也好，都只是一个辅助的功能。

10 号

时间：2016 年 7 月 9 日

地点：屯昌

访谈对象：王先生、徐阿姨

采访者：李老师

记录员：郭同学

问：屯昌这边的经济怎么样？

答：经济不好。屯昌和定安、琼中那边都是经济比较落后的。

问：经济落后但是我看民风还是挺淳朴的。民风怎么样？

答：民风也不是很好，素质都比较低。

问：体现在哪些方面？

答：环境卫生。这是一个问题，第二个问题是那些年轻人，骑摩托车霸道，不管你生死，素质很差。这是特别关键的，同时也就体现了人们的生活水平问题。

问：那是，如果说交通不安全，那就影响你的幸福指数。

答：还有就是人们不懂礼貌。他们那些好多内陆的游客来我这里，我就说，大伯，来海南怎么样你感觉？特别是来屯昌。他说我来这里的感觉就是空气好，但是文化水平落后他们辽宁 60 年。那些人根本就是不懂讲礼貌。人家帮你就是要说谢谢你，碰到你就要说对不起。海南的教学，我不敢说海南海口哪里的教学，就说我们屯昌的，有的老师就去打牌啊买彩票啊，教学也都不放在心上。

问：你说的是小学还是中学有这种情况？

答：哪里都是这样，不管是小学还是中学。它的风气不那么好。有些老师想的是现在就我不管你我每个月也都几千块钱，我越管你我就越受罪。

问：那这会影响他的教学质量吗？

答：那肯定是会影响的。

问：那这边考名校的学生多吗？

答：不多。

问：那现在这边最好的学校是什么学校？屯昌中学？

答：屯昌中学现在就是吃老本的，它不是海南的重点，是屯昌的重点。根据大家的反映，现在屯昌中学都比不上思源中学。思源都有几个考七百多分的，屯中就很少。以前报志愿，我报两个志愿，我先报屯中，屯中不要我了我再报思源。

问：那就是以前它要比屯中差一些？

答：思源是新建的学校，以前人家都不放在眼里，还是看重屯昌中学，现在人家你报了思源，就算你分数高，屯中也不要你。思源都招那些年轻的大学生，刚刚毕业出来的，他的知识都是新的嘛。屯中都是些老教师。

问：那个学校建了几年了？

答：建了三四年了。

问：它刚建了三四年就可以跟这边媲美了？

答：都超过了。

答：现在两边都竞争，你报到屯中但是你没有被屯中录取，那么思源也不要你了。这样就竞争了，不是你选完好学生，剩下的再落到我们思源。屯中现在就是吃老本。

答：我们这边还是不如海口。好的老师都出高价调上去了，这里都是差一点的。现在为什么教育这么差呢？就因为以前考得好的时候教育局会发点奖金，现在都不发奖金给你了，都是这个工资。那些老师就说反正我教你是这个工资，不教你也是这个工资，我教你干吗？我教你们，你们学到就学到，学不到就算了。没有奖励他也不积极。现在都是公家的，公家的是不错，就是教出来后，我教学生好了，都是县长、校长有好名声，也不是我有好名声，所以都随便应付去了。

问：这就体现了教师的职业道德。一个好的老师就不在乎你这东西是多还是少，他应该全身心投入。

答：现在老师都不管你了，都是打牌喝喝下午茶，星期六、星期天的时候都去那些包厢里面打。

答：现在教育局都明确规定了不要老师去补课。

答：所以现在老师都没有第二份工资了，他也不积极了。以前都是补课可以赚到私人的钱，现在不能补课了，就都不积极了。

问：现在他们老师工资都是多少？

答：有三千多四千吧。他们的工资都算高的了，像我们工人最低的也就像一千八百那样，比我们平常的人高很多了。

答：现在就反映什么现象呢，就是现在的教师啊他的主要精力都搞副业去了，上课不专心。

答：现在就是学生考好了，都去表扬领导，不去表扬老师。

问：这就是奖励机制不好。那其他方面的风气怎么样，比如说邻里之间、家庭之间、长辈和晚辈之间，关系怎么样？

答：这也都很复杂的。比如邻里之间，以前人家就看不起你，现在哪里都是这样的。当官的看不起老百姓，有钱的看不起穷光蛋。

问：这个"看不起"表现在哪些方面？

答：他看不起你就不叫你啊，不打招呼啊。如果你是当官的，你看不起我，那你退休后我也不理你了。

问：那这有点像冤冤相报。

答：你当官的时候有职位，看不起我们，那你退休后，人家也都看不起你，你叫我喝茶我也不去。为什么呢？当官一贯是霸气惯了，坐下来就教育人。第一是你的官气比较重，第二就是人一多，你不舍得理单。

答：那些公安局的，上班的时候嚼槟榔。

问：公职人员在上班的时候应该尽量保持那种严肃性。

（母子之间）

答：学校不是搞那个运动会，他穿了两个长的校服，热了就脱下来，放在那里不知道被谁穿去了，我就说，你那儿的学生就那么差。他就说妈妈你不要说这样的话，说不定是哪个同学不注意穿错了，他要是穿去就穿了，不要那么说他。

问：那您的孩子还是很好的。

答：我那个小孩他说他在学校不想跟那些不良的学生住在一起，那些抽烟喝酒、打游戏打到半夜的，他不想跟他们住在一起。他说他现在在学校当学生绝不会有这样不良的习惯。他说这样的又不想提高自己，又影响到别人。不过他说我在心里想，不会说。他说他下个学期就选那些好的学生，跟他们住在一块儿。他说我也不想伤害那些不上进的同学，但也不想和他们住在一块儿。

问：您小孩这样是天生的吗？是您从小教育的吧？

答：我小孩是从小就懂事。以前也是穷，星期六、星期天我叫他学习，他说放假休息你叫我学习。我说那你就帮我卖报纸，看我赚钱养你有多么辛苦。后来他就跟我说，妈妈，我体会到你卖报纸养我有多么辛苦了，我要去好好学习了，我很对不起你。他说天气又热，我走了很多路，都赚不到多少钱。现在他想在学校那边打工，说要减轻我的负担，我就跟他说你现在就是要好好学习，坚持三年，等三年后你再去工作。他就说那你供我到大学毕业，大学毕业后我就自己去找工作赚钱养活自己了。

问：您母子俩都很了不起，您让他从小就了解到您卖报纸赚钱有多么不容易。那您管他学习严不严？

答：我不严，他小时候考不好我说他，他就说妈妈我的能力就是这样啊，他就举例子给我听，说他已经尽力了。

问：那从小您打过他没有？

答：很少。从小我要打他，他就说我做错了你要打我也应该。

问：那他有没有叛逆的时候？

答：有。

问：那他叛逆的时候怎么办？

答：他叛逆的时候我说他，他就说你不要说那么多，我做错了我自己会改。他还是很懂事的，每个老师都喜欢他。他的小学老师，知道我儿子考上大学了，还给了我三百块钱。我小孩放假回来，节日他都去拜访那些老师。

问：真的很不错，这样的学生在大学里老师也是很喜欢的。

答：他从小学六年级，衣服就自己洗，不要我洗。他就说自己在学校绝不会有不良的习惯。他说害人之心不可有，小的时候就说过这样的话。他小学二年级的时候就问我，妈妈，同学之间是不是要互相帮助？他说有一次他忘了带笔，他的同学借给他一支，现在他的笔坏了，他想买一支送给同学。我问他你怎么懂这个？他就说这就叫知恩图报。以前他带钱去学校，要是学校有什么捐钱，他都会把钱全部捐出去的。

11 号
新安村危房改造

时间：2016 年 7 月 9 日

地点：屯昌

访谈对象：王先生（60 岁）一家

采访者：李老师

记录员：郭同学

答：以前就是危房改造，要我们拆，拆了又不要我们盖。

问：上面批了吗？

答：批了的。乡里面都同意了，也盖章了，手续都是齐全的，但是执法大队不让盖房子。

问：这里本来是想盖一片房子，你们是 2014 年报给了村委会，它同意了？手续办全了没有？

答：村里面没有什么手续的，但是都同意了，镇政府也同意了。危房改造都同意签名了。盖一个房子还补两万。村里的主任、书记，都签名了。章子也盖了，公章也都盖了。

问：都齐全了，然后拆完房子后不同意你们盖。什么时候不同意？

答：2015 年 1 月份，差不多过春节的时候。县执法局的就拦着你不要你搞。要是在拆之前不要我搞，那就好说，现在我拆都拆了，又不要我搞，这就是两回事了。它也没有说违规啊什么，就是不要我搞。一般都是同意后就可以了。问它到底是怎样，也没有确切的答复给我们。

问：那它不要你盖，你可以把证明给它看？

答：那都没用。本身盖房子就是大事，就说要我们等。

问：那一开始就不要让拆啊？

答：那些执法大队就说，我没要你拆啊。

问：那它怎么样都要有个政策啊？它的政策没有给你们讲过吗？

答：讲不通啊。我告诉你，我们以前这里是有水库的，后来水库的通道都被填满了，都用不了了，政府给填上了。

问：政府填了做什么？

答：盖房子啊。

问：那现在的田都没有水可以用？

答：没水用啊，现在只能靠天。

问：那你们这不能收入，平常靠什么吃饭呢？

答：出去打工，打零工，主要去帮忙盖房、摘荔枝，80块钱一天。

问：村里面有没有富裕人家？

答：哪里有富裕，不懂做生意，又没有什么收入。哪里富得了？！有钱的也去种点地，现在应该有一二十万，等再过几年，哪里还有什么钱？！没有什么固定收入。说实话现在征地有一点钱，过几年以后有什么用？

问：你们家有没有征地？

答：征了，但是钱都被政府拿去了，我们没拿到多少。

问：你们整个村的地没有多大啊？

答：哪里有什么地？！我们这里的地，农场占了，水库也占了，还有1993年政府把地卖了，哪里还有什么地？！有高速，还有上面那个小区，都征地。现在工作就是去县城打点工。征地老板给的起码有三四十万，然后就给你一点点，让你吃不饱。

12 号

时间：2016 年 7 月 10 日

地点：琼中

访谈对象：肖先生

采访者：李老师

记录员：郭同学

问：您接触最多的政府部门是哪个？

答：要说我接触的最多的就是那个农业部门。我主要搞装修，和政府没有啥大的接触。

问：跟城管有没有接触？

答：有。

问：那您觉得城管怎么样？

答：城管也没有暴力执法。有什么问题突然就跟你说，然后把问题处理了就可以了。

问：那就是商量着办事。

答：社会上，这里的人还是比较好相处的。比屯昌那边的人好相处。这里的人比较好打交道。跟屯昌不一样，像屯昌啊、临高啊。

问：为什么？

答：那些地方的人好像都比较封建，对外地人不太包容，琼中的人比较好客，一般都很热情。

问：喝酒可以，不能打架。

答：前天晚上我那里，两点多钟，喝酒喝到打架。

问：为什么打架？

答：喝醉了酒容易打架。

问：这边的家长对学校教育重视吗？

答：不是很重视。现在有的家长也都给小孩买手机。我们对这方面了解还是比较少的。

问：您小孩现在读几年级？

答：老大下半年读五年级。

问：那您的小孩有手机吗？

答：没有。

问：那他会上网吗？家里可以上网吗？

答：会。家里没网。不是我舍不得牵网，我等他上中学的时候再牵。

问：那您觉得上网对他有没有好处？

答：当然好处肯定是有的，影响力还比较大。好处就是对社会上面有了一点见识，多了解一些信息。

问：那您就是担心他控制不住玩游戏。

答：那些东西就是很现实、很纠结的。以前他们学习都挺好的，现在他们整个班这个学期成绩都有些下滑了。

问：那是孩子的原因还是老师的原因？

答：老师的原因。学校开家长会，他们班的老师还是不严管。

问：那你们是希望老师管严一点还是宽松一点？

答：那肯定是希望老师管严一点了。

问：那要是学校管严后对孩子有体罚，您认不认同？

答：认同，但还是要看在哪些方面。也可能有老师打学生的时候手太重了。

问：您自己打孩子吗？从什么时候开始打的？

答：打。从上学的时候开始打的。

问：打的严重吗？

答：不严重，就吓唬吓唬。

问：您跟孩子关系怎么样？就是孩子听不听话，孝不孝顺？

答：孝顺。就是太调皮。

问：那您家的孩子之间关系怎么样？

答：都不错。

问：在你心目中，一个好孩子是什么样的？

答：那要从很多方面来说。

问：那就从孩子孝顺这个方面来说。

答：你要说孝顺，我那个老二现在才四岁，我一回来他就倒水啊，给你拿凳子，喊你吃饭，上班的时候就喊我起来上班。

问：那您看一个人是不是孝顺，看哪一方面？

答：看行动，靠嘴巴说肯定不行。要看多方面。比如说我那老二，那些也都不是我教他，他自己会的。

问：那说明您这种教育是潜移默化的。

13 号

时间：2016 年 7 月 10 日

地点：琼中

访谈对象：陈先生

采访者：李老师

记录员：郭同学

问：你们有多少人？

答：编制内一共有 25 人。

问：你们的工作对象有哪些？

答：农民跟一些农村企业。

问：您觉得在您工作过程中，您的工作对象好不好打交道？

答：在我工作过程中，农民这个群体肯定是很淳朴的。但是我们在做工作的过程中，我们的工作就是抓产业嘛，我们的工作推动过程中，发现他们的想法很单纯，也很现实。

问：你们对他们来说主要是做什么的？

答：就是我们希望把一些高效的产业介绍给他们，让他们去做。放弃一些低效的产业。

问：这边的高效产业指的是哪些？

答：种桑养蚕产业。这个就比较符合我们这个地方。第二个原因是我们这里的地是小块小块的，它不能大规模地去种植。所以我们就希望他们能够发展这个产业。同时我们也制定了一些扶持政策。比如说给他们种苗补贴，耕地补贴，还有一些蚕种补贴。

问：他们原本做些什么？

答：他们原本就做一些割胶、割槟榔等工作，但是因为这两年胶价下降了，效益比较低，所以我们就希望，所谓的调整结构。就希望农民能够去发展一些高效的产业。

问：是从什么时候开始的？

答：2010年开始的。

问：成效怎么样？

答：成效也不错，但是就没有达到那种预期的效果。从2006、2007年就引进了，开始宣传。

答：我们很想加强农业技术培训，包括对经营方面的。但是事实上就是这一块儿比较弱，他们的科学意识比较差。他们学习文化知识的意识也差，就是主动性比较差。我个人观点，正好前两年我专门搞那个培训，不收费，就是为了让他来，但是光免费他们还不愿意来，还要给他们补贴。可能好一部分人就是冲着那个补贴来的，领完补贴就走了。或者也就不认真听课。从村里面到镇里面的培训，可以补贴二三十块钱，培训一天半天的都有。

问：为什么补贴呢？

答：一个是从务工的角度。因为他是搞农业生产的。其实从我们这教育培训的角度，我们不管你要不要生产，我们给你传授知识就不错了。所以我们这个补助就是生产和路费。事实上这就是借口。

问：你们每年这样的培训费大概有多少？

答：实际上我们没有，我们出政策，然后地方给予补贴，钱也不通过我们。

问：这个量有多大你们清楚吗？

答：不清楚。也不是所有的培训都给，只有那种政府重视的，希望他掌握的才有。但是来的很少，所以这就反映了他们学习的主动性很差。

问：这就是很重要的信息了，没听说过给他培训还给补贴的。

答：我们已经见怪不怪了。但是包括咱们省里面做的一些培训，比如海南省的万名中专生，用十年时间培养万名农村中专生。

问：那他培训了以后再回到本地来。

答：实际上他就是就近原则嘛。最开始是面向本地招生，后来就放宽了，因为没有人。

问：那放开后，吸引外面的人不是更好吗？

答：但事实上说实话，这种培训水平有限。师资一般都是从当地聘请的一些技术专家啊，事实上往往市县一级的水平并不怎么样。

问：那你们和海大有合作吗？

答：我们和两院有合作，偶尔会请专家来培训，主要是这个费用支付不起。像教授这样的专家级别的，他的费用就会很高。而且他们讲的农民也不一定受用。他们培训我们市县一级的专家可以。

问：从你工作的经历来看，你觉得我们农民和政府部门之间的关系怎么样？

答：总体上对我们的工作还是支持得多。我之前在文昌当过村官，通过对比讲的话，我们当地的农民还是很乖的。这边的民族关系在我看来还是不错的。

问：从你的认知来看，我们这一带的学校，你对学校的评价怎么样？学校里老师的态度怎么样，就你所知讲讲吧。

答：我2006年从这里毕业，那个时候我们的师资还是偏弱的。可能我在这里排名靠前，在外面就是垫底的。

问：那你觉得这边的老师教育学生尽心尽力吗？工作态度怎么样？

答：我觉得这边把教授知识跟德育相结合的老师还是很少的，不过这十年过去了怎么样就不太清楚了。后面的这个思源学校发展还是不错的。

14 号

时间：2016 年 7 月 9 日

地点：屯昌县

访谈对象：务工人员（男，45—50 岁）

采访者：张同学、薛同学

记录员：薛同学

问：您觉得现在海南省有哪些问题呢？

答：物价高，收入少！以前一个月三五十块钱可以养活一大家子人，现在两三千根本养活不了一家人。我供孩子读书一个月两千块生活费，可我工资就才三千多一点，还要养她的弟弟妹妹，根本不够。

问：您的孩子在哪儿上学啊？

答：广州。

问：您的意思是现在海南省的物价涨了，收入却没有相应的提高对吧？

答：是啊，按照现在的物价来说，工资至少要七八千一个月才能养活这家人。而且生意也不好做了，做生意不讲信用。三角债多了，包括政府也有拖欠工资的情况的。而且你看，现在国家讲"放开二胎"，说得轻松啊，还有老人要照顾的，不是那么容易就放开二胎的。

问：您认为政府的福利政策做得还不到位是吗？

答：肯定不到位啊。而且现在整个社会爱攀比了，小孩要好手机啊，就要苹果的啊，便宜的不肯要，就比这些物质的啊，不比成绩啊，不比好的。包括我自己小孩也是这样的，爱攀比起来了，也不看一下家里实际情况怎么样。有些人因为没钱又爱面子，就去偷啊骗啊，这样社会风气很不好的，但是呢，世上还是好人多的，这点要相信的。

问：政府有做调查，了解民众的诉求吗？

答：有做调查啊，但是调查太少了，重表面功夫，要是政府像你们这样深入群众调查的话，我们又不敢说，说了怕有事啊。政府还是应该采取措施了解一下民情民意嘛。

问：作为海南本地人，您认为外地人来海南省对海南省好不好呢？

答：那肯定是好的，内陆人过来投资嘛，要做生意的，有更多的工作机会嘛，还可以带动海南经济发展，肯定是好的。

问：你觉得医疗改革有作用吗？

答：有作用的，但是作用不大。药特别贵，人不能病，病了就惨了。

问：谢谢您配合我们访谈！

答：没关系，不用谢的。

15 号

时间：2016 年 7 月 12 日

地点：海口市东方商城

访谈对象：海南省热带海洋学院唐老师

采访者：王同学、廖同学、郭同学

记录员：薛同学

问：您认为公民道德素质是否重要呢？

答：相当重要！经济发展需要人才的支撑，从人才的自身素质来讲，素质提升了，人才的作用才能真正得到体现。

问：作为海南本地居民，您认为和过去相比，海南省公民道德素质整体上是提高了还是降低了？

答：提高了。本地居民教育水平越来越高，在教育水平越来越高的基础上，海南人民的素质是在不断提高的。

问：具体在哪些方面呢？

答：经济、政治、社会都有。

问：现在来海南生活的内陆人非常多，您觉得与他们相比，海南人民的素质是占优势呢还是在某些方面有所欠缺？

答：海南在发展，海南必须要引进内陆人才。在海南和内陆人才的相互配合之下，海南才能得到更好的发展。另外对比海南和内陆人民素质的问题，我认为这是没有办法去比较的。海南有本土的优秀人才，内陆也有，他们各具优势，这是没有办法去比较的。

问：您觉得在开展"双创"后，本地的交通、环境、治安等方面有什么变化呢？

答：给我最深的体会就是我们在住酒店的时候，会有专门的卫生监督员。然后我们刚刚去中共一大旧址的时候，也有"双创"监督员。我觉得这是最明显的一点。

问：那您觉得自然环境、政府的办事效率有没有提高呢？

答：因为来海口这边也没有去行政机关办事，所以对这些方面不太了解。不过在旅游、住宿等方面可以看到大家都知道海口在开展"双创"工作，我觉得从这一点来说，海口这个"双创"宣传工作是做到位了。

问：在你们学校有举行公民道德素质的宣传吗？

答：有的。

问：您觉得当前海南省公民道德素质还存在什么问题呢？有哪些做得不足的地方？比如说个人修养、政府办事效率和态度、法制惩治力度方面。

答：我认为在法制方面，法律法规是有了，但是在执行方面，力度还不够。就是说政策落实得还不够好，这点还需要加强。

问：那您有什么建议吗？

答：一方面要加大监督力度，执法人员要严格执法；另一方面要加强宣传，提升公民个人的道德修养，自觉地遵守法律法规。

问：您认为从什么方面提升公民道德素质是最有效的呢？

答：从大方面来说，相应的政策应该要有。小方面来说，可以以社区、以家庭为单位。大小结合才能促进海南省的公民道德素质不断提升。

问：谢谢您的配合！

答：不用谢。

16 号

时间：2016 年 7 月 12 日

地点：文昌文城镇中国移动营业厅

访谈对象：中国移动营业厅客户经理（朱先生，男，28 岁）

采访者：田同学

记录员：李同学

问：您觉得当前海南人民的道德素质是提高了还是降低了，都具体体现在哪些方面呢？

答：提高了。最明显的一个例子是人民的饮食卫生行为习惯较之前有了明显的提高。如以前人们吃东西会随处丢垃圾，尤其是在食用甘蔗或槟榔等这些食物的时候会顺手丢在街道上，但是现在人们在食用这一类食品的时候会随手拿着一个环保的小袋子装垃圾。

问：您认为当前文昌的自然环境和交通出行情况及治安情况怎么样？

答：自然环境自然是较优美了；交通环境也比较好，现在城区的交通运输系统一般都能满足居民的出行要求，鲜少出现交通拥堵情况；治安这一块我们海南（文昌）较别的省份治理的还是不错的，整体来说治安环境良好，不会像其他地区一样，如果佩戴贵重首饰出门，还要担心有被抢劫的危险。

问：您认为营造一个和谐的家庭最需要的是什么？是子女对长辈的孝顺还是夫妻和睦呢？

答：个人认为影响家庭和谐的因素有很多，无论是孝顺长辈还是夫妻和睦都十分重要，而营造一个和谐的家庭关键在于每一个家庭成员的个人努力，如果大家都能保持平和的心态，能够相互理解、包容和扶持，那么这样的家庭肯定是和谐的。

问：从整体来说，您认为海南的服务行业从业人员的服务态度怎么样？

答：相对来说，海南这边大一点的公司服务态度还是很好的，而规模小点的公司服务态度就有待改善了，比如物业公司之类的就不是很好，比如我们三大通信运营公司的从业人员服务态度还是很不错的，都是受到社会普遍认可的。

问：在文昌这边当地有没有对公民的道德素质进行过宣传教育？

答：当地政府、学校和我们的公司都会定期进行道德素质和其他一些安全知识等方面的宣传教育。

问：您认为提升公民的道德素质要从哪些方面做起呢，您能否举例说明一下？

答：首先是教育，必须要加强政府、学校、职场等的合力，进行道德素质的宣传教育。其次，政府和各工作单位应当举办些实践活动，让公民真正参与到实践中，切实理解道德的含义，进而提升自身素质的发展。

问：比如您在一些公共场合看到一些卫生标语，而您手里拿着一些垃圾，但垃圾桶又很远，您会选择怎么做呢？

答：肯定是要找到垃圾桶后才能把垃圾扔掉啊，毕竟维护城市的卫生文明需要靠每一位公民的努力。

问：您认为当前海南的公民道德还存在哪些问题呢？

答：个人认为年轻人的公民道德行为表现的还是不错的，但还是存在一些问题。比如有些人在公共场合会大声喧哗，甚至会图自己安逸而去破坏公共设施等。

【简评】本访谈中，受访人明确指出公民道德素质的提升必须更加着重于宣传教育，发挥政府、学校和社会的合力，通过理论教育和实践活动等举措来促进海南公民道德素质的发展。

17 号

时间：2016 年 7 月 13 日

地点：琼海的某一街道

访谈对象：琼海某街道城市管理员（王女士）

采访者：詹同学

记录员：田同学

问：您认为在海南经济发展过程中，公民的道德素质对经济发展重要吗？主要体现在哪些方面呢？

答：很重要，个人认为道德素质是推进经济发展的重要动力。比如人民的道德素质提高了，在公共场合的行为表现也会更加文明，最简单的就是如果每一位公民都能谨遵交通秩序，那么将会缓解城市的交通压力。伴随着人们道德素质的提升也会使得城市的文明程度提升，利于塑造良好的城市形象，会吸引更多的人来海南旅游或发展，为海南的经济做出贡献。

问：和过去相比，您觉得海南公民道德素质是否有所提高呢，在生活中有哪些显著的表现呢？

答：提高了。比如在遵守交通秩序方面，现在的人们大多都会自觉遵守。

问：和外省相比，您觉得海南公民的道德素质怎么样呢？

答：每个区域的发展不一样，影响公民道德素质的发展也有诸多方面的原因，对于外省我并不是很了解，但是海南公民整体的道德素质较以前是切实提升了的。

问：那您觉得琼海当前的交通环境如何？违反交通秩序的行为显著吗？自然环境和治安环境怎么样？

答：琼海当前的交通环境还是很好的，违背交通秩序的行为鲜少发生；自然环境是十分优美的，治安环境较其他市县来说琼海是管理得比较不错的。

问：您认为在一个家庭当中，要想营造一个和谐的家庭氛围什么才是最重要的？

答：在家庭中，家庭成员之间相互理解与包容最重要，这是影响一个家庭是否和谐的最重要因素。

问：您认为家庭氛围对孩子的成长重要吗？您认为在教育孩子过

程中什么最重要？

答：很重要，家庭氛围会影响到孩子是否能健康成长，还会影响孩子的性格发展。在孩子的教育过程中，我认为教会孩子为人处世的道理是最重要的，当然，让孩子掌握知识也十分重要，教育孩子要注意沟通方式。

问：琼海是个著名的旅游城市，服务业也十分发达，那么您认为在琼海的服务行业中，这些从业人员的态度怎么样？

答：相对来说，大多数服务行业的从业人员的服务态度还是十分好的。

问：在公民道德素质方面，政府有做过哪些举措来促进公民道德素质的提升吗？

答：政府在这方面做的努力还是很多的，比如会组织一些道德事迹的宣讲，会在公共场合比如广场等地播放一些道德模范的宣传片，还会组织各事业单位进入社区、街道参与一些志愿服务活动。

问：您认为要从哪些方面加强公民道德素质的提升呢？

答：一方面是要发展教育，通过教育提高公民的科学文化素质，有了文化的熏陶，人民的思想道德水平自然会有新的认知，那么道德素质自然也会提升了，另一方面就是要加强道德宣传力度，此外，个人也要加强自身道德的修养。

【简评】通过本次访谈可以发现琼海这一地区的公民道德素质建设是不错的，政府切实发挥了作用。另外，公民道德素质的提升一要靠教育，二要靠个人自身的修养。

18 号

时间：2016 年 7 月 12 日

地点：文昌天成 BBH 酒店

访谈对象：酒店大堂经理（罗经理，女性，年龄在 18—29 岁）

采访者：孙同学

记录员：符同学

问：文昌的经济较五年前发展十分迅速，取得了很好的成绩，那么在公民道德素质这方面较之前有提高吗？在公民道德素质表现这方面发生了什么重大变化吗？主要体现在哪些方面呢？

答：经济发展的同时公民的整体道德素质发展方面还是有所提高的。这主要体现在民众的穿着方面。近几年民众更加注重自身的仪表仪态，以前有些民众甚至穿着睡衣出来逛街，现在这种情况基本上就不会出现了。

问：您认为当前咱们海南人，尤其是咱文昌人在道德素质发展方面还存在哪些问题呢？

答：最大的问题还是社会问题。比如在一些公共场合，如文昌公园这些公共区域往往会聚集很多民众在那里歇脚休息，享受一些戏剧表演之类的节目，但是通常有些民众在这种场合特别不讲究公共卫生问题，垃圾乱丢、随地吐痰等一些坏现象经常发生。此外，在这些公共场合有些人往往喜欢大声喧哗，有时候会干扰到附近的居民住宅区，影响别人休息。

问：近两年文昌经济迅猛发展，尤其是航天城的建设和火箭的发射，在很大程度上促进了文昌城市知名度的提升，进而也带动了当地经济的发展，那您觉得在文昌经济的提升是否与当地的公民道德素质发展存在着相关性呢？

答：有很大的关系，因为随着航天城的建设，政府越来越重视城市"软实力"的建设，政府会通过在一些公共场所，比如金山广场等地播放一些教育片以作宣传，另外，政府也会定期开放一些红色旅游景点，如宋氏故居、张云逸将军故居等供市民参观，宣传文昌先辈们的拳拳爱国之情和英雄壮举，以此来推动公民的道德素质建设。

问：随着文昌知名度的提升，越来越多的游客来到文昌旅游甚至迁居文昌，您觉得这些外来人士的到来会给文昌的公民道德素质带来什么样的影响呢？

答：首先，能来外地旅游的人一般素质都比较高吧，但是由于各个地区文化观念的差异，肯定也会给当地的一些文化和风俗习惯带来冲击，然后这些冲击往往可能会导致一些冲突的出现。但整体来说，公民的整体道德素质是有所提升的。

问：您觉得当前海南（文昌地区）整体的社会环境怎样呢，比如社会治安方面或城市基础设施等方面。

答：社会治安环境相对内地很多地方来说还是很不错的，但是在一些基础设施建设方面就做得不够，比如公园太小往往不能满足群众的需求。

问：当前海南的公民道德素质发展还是存在着一些问题，如在社会交往中缺乏基本的信任，具体来说比如一些商家进行买卖的时候缺斤短两的现象是常有的，那您觉得应该从哪些方面来提升公民的道德素质呢？

答：首先是要宣传到位，比如通过网络、电视等平台宣传一些民众喜闻乐见的道德事迹；其次是政府要做出榜样作用，只有政府带头做，民众才会效仿。最后就是对一些违背社会公德的坏现象要严厉惩罚。

问：您觉得在一个家庭中，影响家庭关系的最重要的因素是什么？

答：主要是心态，心态这方面要有宽容之心，凡事不能太计较。

19 号

时间：2016 年 7 月 14 日

地点：由琼海开往陵水的动车上

访谈对象：钟先生（男，律师）

采访者：苏海娇

记录员：田同学

问：您好，请问您贵姓，你觉得在海南经济发展过程中公民道德素质是否重要？

答：免贵姓钟，公民道德素质对经济的发展是比较重要的。

问：与全国其他地方相比，您觉得海南公民道德素质如何？

答：与全国其他地方相比，海南公民的道德素质整体上算是一般吧，自建设国际旅游岛以来，海南公民的整体道德素质有了明显提升，但伴随着大量外来人口的拥入，海南公民的整体道德素质建设还是存在一些问题。

问：那您认为海南公民的道德素质发展还存在什么问题呢？

答：比如这种重男轻女的落后观念导致海南男性公民普遍存在的道德问题。如在家庭这一块，男性作为家里的支柱，应为家里生计和家庭幸福努力打拼。而在海南这边，大多数的男性公民大部分时间是在老爸茶店里散漫度日，这对一个家庭的幸福来说，是十分不负责任、不讲家庭道德的体现。且这种男性终日"泡茶店"的现象在一定程度上来说，会使得海南社会整体的经济创造力滞后发展于其他地区，因为经济的发展需要人作为契机，男性公民放弃了他的家庭角色，在某种意义上就等于放弃了社会角色，而社会角色缺失势必会影响经济的发展。

问：那您认为当地的治安情况怎么样？

答：整体来说，治安情况还可以。

问：那您觉得海南的交通情况和自然环境怎么样？

答：交通方面还是经常会出现交通拥堵的现象，尤其是在海口和三亚市区，即使不是在节假日，在平时的上下班时间在龙昆南路交通还是比较拥堵的，尤其是在下大雨的时候，交通更是拥堵不堪。自然环境还是非常好的，空气比较好。

问：那您认为一个和谐家庭最重要的是什么？

答：信任。家庭成员之间如果相互信任，相互理解和支持，那么这个家庭自然会是非常和谐的。

问：那您认为海南服务行业从业人员的素质怎么样？

答：我们律师也是服务行业，我本人也是在海南工作，整体来说，服务行业从业人员的整体素质还是比较良好的。

问：那么如果从您的专业角度出发，您认为该从哪些方面提高海南公民的道德素质呢？

答：发挥宣传作用，比如举办一些公益宣传活动，首先政府人员必须以身作则，深入到群众当中，树立榜样，为公民的素质道德发展做出模范榜样，其次，必须要加强公民的法制教育，提高公民的法律意识，在生活中切实规范自己的言行。

【简评】从本次访谈中可知海南公民的整体道德素质较之前有了明显提升，但是在道德素质的建设发展中尚存在诸多问题，比如固守重男轻女的落后观念使得男性公民的家庭责任感较低，而这势必会影响到经济的发展。因此，海南公民的道德素质建设任重而道远，需要各方面强强联合，共同推进海南公民的道德素质的建设发展。

20 号

时间：2016 年 7 月 14 日

地点：康特王府酒店

访谈对象：党政机关人员

采访者：符同学

记录员：符同学

问：在海南经济社会发展的过程中，您认为公民的道德素质是否重要呢？

答：当然重要，因为公民的道德素质高了，社会环境就和谐了，而社会环境的和谐对外来的投资者来说是很大的利好，然后在一定程度上吸引投资，对海南社会的发展就有很大的帮助和促进的作用。

问：和过去相比，您觉得海南人的素质是提高了还是降低了？为什么？

答：相对于二十年以前是有所提高的，因为在二十年以前，海南公民没有袜子的概念，都是光着脚丫子，所谓温饱知礼仪，而穿袜子就是一个礼仪的具体表现，从这些观念的改变，可以看出海南人民的素质有所提高。

问：与其他省份和地区相比，您认为海南人的素质高一些还是低一些？

答：这个问题要分两个面来看，相对于上海、北京、深圳、广州等地，海南人民的素质会赶不上人家；但是相对于青海、西藏、内蒙古而言，海南人民的素质还是不弱的。

问：您觉得当地的治安怎么样？

答：当地的治安相对来说比过去要好，但是还有提高的空间。在过去，飞车党横行，路人走在路上都不安全，虽然现在已经杜绝了这种现象，但是随着互联网技术的不断发展，网络诈骗、电子诈骗也随之出现，给人们带来了不好的影响。总体来说，海南当地的治安有进步，但是还有很大的提升空间。

问：您认为，目前海南公民道德素质方面有哪些问题？你觉得应该通过什么样的方式解决这些问题呢？

答：这个概念就很大了，重要的是教育问题，比如社会教育、家庭教育、学校教育，三者相结合。海南基础薄弱，相对其他省份来说，教育才是提高海南公民道德素质最基本的重要措施。因此政府要加大力度重视教育。

问：您觉得海南服务行业从业人员的服务态度怎么样？

答：总体来说，海南服务行业的从业人员的态度还是比较好的，但是可以通过政府加大投资，加强培训，从而提高他们的道德素质。

问：您认为当地政府有没有对公民进行道德素质方面的宣传教育？

答：有过，但是措施不得力，效果不明显，比方说，虽然建立起私立学校，但是私立学校教育效果得不到很大的提高，仍然存在学生打架斗殴的现象。

21 号

时间：2016 年 7 月 14 日

地点：某餐厅

访谈对象：社区工作者
采访者：李同学
记录员：符同学

问：在海南经济社会发展的过程中，您认为公民的道德素质是否重要呢？

答：当然重要，比如在社会上，我们任何人都要讲诚信，在家里也要讲诚信，对乡里邻里都要讲道德，不管对任何人都要讲道德，因此，公民的道德素质在海南经济发展过程中起到重要的作用。

问：和过去相比，您觉得海南人的素质是提高了还是降低了？为什么？

答：提高了，随着社会经济的不断发展，人民的生活水平也得到不断提高，经济是基础，人们的温饱得到了保障，自然而然素质就提高了。

问：您如何看待出租车司机乱收钱而不打表的现象？

答：出租车行业必须要打表的，不打表是一种不正确的行为，我们可以通过投诉来维护我们自身的利益。在海南文昌、琼海、陵水等地方都存在着出租车司机不打表的现象，这是政府相关部门监管不当的表现。因此，需要当地政府相关部门加强管理，杜绝出租车司机乱收费而不打表的现象。

问：与其他省份和地区相比，您认为海南人的素质高一些还是低一些？

答：海南人的素质是属于全国中等以上的水平，是比一些省份还高，比如在上海、广州，如果不会说当地的语言，就会受到歧视，本地人都会认为你是乡下人，而海南人，他们非常热情欢迎外来的人们。总体来说，海南人的素质是比东北三省人民的素质高。对于中国人来说，各地方的习俗都应该要尊重。中国人出去外国旅游，也是对中国人的道德素质的一种考验。总的来说，外来人们和当地人们彼此是对立，因此，两者之间要互帮互助，从而提高我们自身的道德素质。

问：您觉得当地的治安怎么样，交通环境和自然环境呢？

答：海南自然环境比以前好，而交通环境比以前差，主要是因为人口太多。

问：您认为一个和谐的家庭最重要的是什么？

答：我觉得一个和谐的家庭最重要的是孝道和爱心。

问：您觉得海南服务行业从业人员的服务态度怎么样？

答：相对来说，海南服务行业的从业人员的服务态度还是不错的。因为在任何一个服务行业，从业人员不仅受到企业的相关规定的限制以及企业加大力度的培训，他们的受教育程度也得到不断提高，而且受到顾客的服务反馈，他们的整体服务态度还是不错的。

问：您认为当地政府有没有对公民进行道德素质方面的宣传教育？

答：当地政府有对公民进行道德素质方面的宣传教育，但是不够，太过于形式化。

问：提高公民素质，您认为应该从哪些方面做起呢？

答：提高公民道德素质，主要通过学校教育、家庭教育和社会教育来实现。另外，政府要起带头作用。

问：您认为，目前海南公民道德素质方面有哪些问题？你觉得应该通过什么样的方式解决这些问题呢？

答：违法违纪的现象太普遍，主要是政府没有采取强制措施，以至于对他们没有约束力，这些问题都会严重阻碍海南当地的经济发展。因此，政府一方面要加强教育，另一方面要加大力度整治违法违纪现象，提高政府的强制力。

22 号

时间：2016 年 7 月 9 日

地点：屯昌县

访谈对象：初二学生（女，14 岁）

采访者：薛同学

记录员：薛同学

问：你刚才说你是海南本地的初中生，那你是初几的学生呢？

答：初二。

问：你出过海南岛吗？

答：没有。

问：你认为海南省公民道德素质对本岛居民是否很重要呢？

答：是的。

问：你觉得海南省公民道德素质提高了，对海南省的经济增长有促进作用吗？

答：有很大的作用。

问：具体可以举例说明一下吗？

答：道德素质高了会更文明一点，没有那么多不诚信的情况，生意好做一点。

问：与过去相比，你认为海南省公民的道德素质整体上是提高了还是降低了呢？

答：提高了。

问：你了解过其他省份大概的公民道德素质状况吗？

答：通过电视和网络了解过。

问：你认为海南省与其他省份相比，公民道德素质状况如何呢？高、低或者差不多？

答：差不多吧。

问：你认为现在身边治安环境怎么样呢？觉得安全吗？

答：不太清楚。

问：那你觉得你们学校的治安怎么样？

答：一般吧。

问：有欺负同学的情况发生吗？

答：有的。

问：学校对这些安全问题重视吗？对欺负同学的学生处罚力度大吗？

答：很重视，管得很严。

问：你知道服务行业具体指哪些吗？

答：知道。

问：那你认为现在服务行业的人员素质怎么样呢？

答：有些好，有些不好。

问：当地政府有没有对你们进行道德素质的宣传、培养？

答：有。

问：具体通过什么方式呢？

答：标语横幅等。

问：你有具体了解过"社会主义核心价值观"等内容吗？

答：学校要求背过一些。

问：你觉得我们应该从哪些方面去提高海南省的公民道德素质呢？

答：环境建设。

问：屯昌县在公民道德素质方面存在哪些问题？

答：不买东西，有些人会对你凶。

问：海南省本地居民也会被凶吗？

答：对，但只是有一些会，有一些还是不会凶的。

问：那还有其他什么问题吗？

答：菜市场那儿，很乱，不规范。

问：那你有想过怎么去解决吗？

答：要把市场建设好。

问：有没有什么具体的措施呢？比如说商贩们或者我们自身素质的提高？

答：都应该要去做，把这些建设好。

问：好的，非常感谢你抽出宝贵时间做这次访谈，谢谢你！

答：不用谢。

二 调研日记

调研日记之一

廖桂真

调研地点：屯昌县屯城镇昌盛一路某家具店

调研时间：2016 年 7 月 9 日上午 11：00

从海口到达屯昌，一放下行李我们一行人就马上开展起了此次的调研活动。在走去屯昌车站的路上，我发现了一家家具店，门口坐着一对夫妻模样的人在交谈。于是我快步上前，拿出了手中的问卷："叔叔阿姨你们好，我是来自海南大学的学生。我们在做一个暑期社会实践活动，今天来到屯昌，是想了解一下关于海南公民道德素质的基本情况，耽误你们几分钟时间帮我们做份问卷好吗？谢谢。"

话音刚落，叔叔便热情地接过了我手中的问卷，他说："我儿子也是在海大读书的，你们还是校友哩。"这时，阿姨也戴上她的老花镜，从我手中接过问卷和笔，认真地填起了问卷。

"叔叔，你们是屯昌本地人吗？"

"对呀，我们土生土长在屯昌，住在这里五十多年了。"

"那你们的孩子上大几啦？多久回来一次？"

"他上大三了，大概一个月回来一次，坐汽车一个多小时就到了。"

"那你们的关系好吗？儿子去上大学了，你们俩会不会想他？"

"关系好啊，每隔几天都给我们打电话，关心我们的生活，提醒我们按时吃饭不要只顾着做生意赚钱。我儿子很聪明也很孝顺的，在学校学习也很厉害，我们家就他最有学问了。你们做这个调查问卷，有什么作用啊，要写名字什么的吗？"

我赶紧解释："我们是做社会实践调查，做问卷只是为了得到一些问题的相关数据然后进行分析，不需要填写您的名字和联络方式。"

"哦哦，是这样。你这个问卷的字太小我看得有些吃力，有些问题也不是很明白。比如这个，社会公德最重要的内容是不影响别人，这个不影响别人是什么意思？"

"不影响别人就是，在日常生活中，在不影响别人的情况下，行使自己的权利，不侵犯别人，也就是说不管做什么都不妨碍到别人行使自己的权利。"

听完我的解释，叔叔快速地选择了这一选项。看来，他对我的解释还算满意。看着叔叔阿姨认真仔细地做着问卷，也为我们"海南公民道德素质发展研究"实践调查团增加了底气和士气。

"叔叔，那您觉得，近些年来海南的公民道德素质是提高了还是降低了？"

"我觉得提高了。大家赚钱多了，孩子接受教育的也多了，越来越多的人都到大城市去打工和上学，生活变好了，大家的素质总的来说还是提高了。"

"那您觉得屯昌这里的治安怎么样？交通环境呢？"

"治安还是挺好的，很少有打架斗殴这些事情，我们也没有被偷过东西；交通情况一直都这样，有红绿灯我们就根据红绿灯过马路，没有红绿灯的话一般就随便过马路，也不会很注意，总觉得汽车会主动让人。"

在访谈的过程中，叔叔阿姨也不知不觉做完了问卷，递给了我。我连声对他们表示感谢，并走向了下一个未知的调查对象。

调研地点：琼中县市区
调研时间：2016年7月10日星期天

西线小组成员迎着骄阳一路来到琼中车站，开启了我们的第二站调研旅程。来到酒店放好行李后我们就兵分两路开展调研工作。

我们首先一路向东来到了琼中车站，先给车站的工作人员发放了问卷，大家都十分热情且配合。其中有位保洁阿姨虽然不识字，但是也非常热心地参与到我们的调查中来，我念问卷，她听得很仔细，这让我非常感动。保洁阿姨有一句话让我印象特别深刻，她说："虽然我不是海南人，但是我非常热爱这片土地，我觉得你们做的这个调查非常有意义，我很感谢你们让我参与到了这个调查。"保洁阿姨认真思考的面庞和辛勤劳作的身影折射出了海南公民的道德素质，善良淳朴的海南人民一定能在今后的引导发展下日子越过越好。

沿着车站出来的大马路走着，我和随行的同学都在感叹琼中的街道十分整洁干净，房屋规划也很整齐有序，对比起屯昌县，深感琼中人民生活环境的良好。在街边看到一位环卫阿姨在休息，深入群众才能更好地了解实情，只有实践调查才能得出结论，我便上去对她进行了问卷调查和访谈。城市环境的美化少不了环卫工人的辛勤劳动，对这类群体的访谈可以获知当地市民的公共环境卫生意识如何，从而更加全面地了解海南公民道德素质的基本状况。

下午的太阳十分毒辣，出门才一会儿队服早已被汗水浸湿，我们搭乘公交车来到市区开展调研工作。当地的市民很热情地给我们指路，海南的骄阳虽然火热得让人睁不开眼，但是琼中人民的热情绝对会让我们的心从里到外都是暖的。我们开始在服装市场、中国移动营业厅、教育机构、商场、银行等场所沿街开展问卷调查，市民们都很热情地配合我们。在进行问卷调查过程中，我们还注意年龄、性别的分配数量，以期调查结果的科学性和有效性。到一个地方首先要了解几个重要的区域，其中一个就是市区，人流量大，在市区工作会接触许多形形色色的人，因此他们能对当地的公民道德素质有个大概的整体印象，这是今天下午我们出发到市区开展调研工作的主要目的依据。

在结束了一天的调研工作后回到酒店，和组员们交流今天的所闻所感，收获满满，虽然辛苦但也快乐着，再大的太阳、再高的气温都阻挡不了我们前进的脚步。

调研地点：海口市市区
调研时间：2016 年 7 月 12 日星期二
在走过屯昌县和琼中县的大街小巷后，西线小组来到熟悉的海口市完成本次社会实践调研的收尾工作。海口作为海南的省会城市，是我们这次海南公民道德素质调查了解的重点对象，我们明确了问卷数量和工作路线后从学校出发。

我们调查地点首先选在友谊商业广场，一进去大门就听到商场里的广播正在播放有关海口"双创"的一些小知识。我们上三楼的服务台了解到，商场每天都会定时定点播放"双创"的相关知识，例如社会主义核心价值观的内容、文明单位职业道德建设的内容、"双创"对商业零售行业的要求是什么，等等，还提倡创建无烟商场无烟办公区，消除烟草污染，营造健康环境，这对比之前在屯昌县紫京皇冠酒店餐厅里没有禁烟标识也没有服务人员去阻止顾客吸烟的表现来看，友谊商场无疑为我们海口市增添了光彩。为了更好地响应和开展"双创"工作，商场还建立了爱国卫生健康教育小组、禁烟控烟工作领导小组，并做出诚信经营的服务承诺。这些都是我省公民道德素质建设的具体做法体现，各单位各行业都应该将我们海口市的"双创"工作重视起来、行动起来，市民的道德素养提升了，城市环境也会变得更加美好。

下午我们在调研路上还遇到了海南热带海洋学院"三下乡"社会实践的老师和同学们，看到同是进行暑期社会实践的同学，我们也对他们进行了访谈和问卷调查，我们都为了一个共同的理想信念而努力奋斗着，不流汗不青春，不燃烧不精彩，愿我们的努力都能为海南省的明天添砖加瓦。

我们在解放路街道上还看到了中共琼崖一大会址，我们便进去参观和进行调研，就是在这座私人宅邸里，诞生了中共琼崖地委，开启了琼崖革命的崭新时代，是我们海南人民心中的"嘉兴南湖游船"。目前中国南海问题形势严峻，爱国无疑是当下的主旋律，我们接受爱国主义教育，参观红色文化景点，感受艰苦卓绝的革命精神对于我们坚守国土谋求发展具有重要意义。会址里的工作人员不仅十分配合我们做问卷，还主动给我们进行讲解。

小组组员相聚后，西线的公民道德素质调研工作就全部完成了，作为组长,我被大家这些天的努力和进步感动,我们相互学习和欣赏对方,收获满满。

今天的太阳很大,我们的心和外面的温度一样火热。

调研日记之二
吴艳倩

调研地点:海南省东方市

调研时间:2016年7月4日

7月4日上午,东方市汽车站是西线调研活动的第一站。在汽车站里,伴随着人潮涌动,我们竭力在嘈杂无比的环境里选择合适的调查对象。经过半个小时的努力,我们完成了小部分的工作量。但是,为了提高效率,遂决定扩大活动范围,分组行动。后面,在老师的指导下,我前往东方市旧城改造机关、计划生育服务站、储蓄银行、家具中心、汽车维修中心以及茶行等地进行问卷调查。

万事开头难。刚开始总会有不同的问题出现,或简单或复杂,首先,自身本地方言能力退化,不利于与调查对象的深入交流,筛选调查对象能力需要增强,应变能力较为欠缺等。其次,问卷上所提及的问题对于普通人来说,本身较为晦涩难懂。总有少数人表示,问题太难,无法理解与作答,没有继续进行的信心与欲望,较为打击积极性。这不仅是对工作效率提出了要求,同时也对我们的交际能力和表达能力提出了挑战。在调查过程中,关于政府的态度与效率问题,调查对象普遍表示不满意。

同时,个人发现,政府的许多积极作为经常因为居民文化素质不高而被忽视和误解。因而,道德教育不应仅仅是政府或学校在努力,人们不断提高自身文化素质和道德品质更为重要,否则,即使政府再有作为,居民因为本身素质的局限无法理解和接受,道德教育的效果也不会太佳。

调研地点:海南省儋州市

调研时间：2016 年 7 月 5 日

今日，我们在儋州中学、市委广场、居民小区以及手机营业厅等地，对教师、学生、退休老人、个体户、农民等群体进行了问卷调查与访谈。在调查过程中，大多数儋州市民表示对目前海南发展现状较为满意，同时也期待海南诸多问题能得到有效的解决与完善。

其间，我们在居民小区对一位爷爷进行了访谈。这次经历，感触颇深。那位爷爷，正值耄耋之年，是一名忠诚的共产党员，更是一名英勇的战士，曾经参加过琼崖革命。在访谈过程中，他对自身的经历和收获娓娓道来。他的话语与神情，如其对共产主义的信仰一般坚定。他对党的忠诚与拥护，令身处复杂环境却难以懂得和平的珍贵的我们来说感触颇深。他对过去的感慨与评价，也让我们懂得了信仰的力量，党的坚强和伟大。他说，今天，中国能有如此伟大的成就，人民能过上满意、和平的生活，中国共产党功不可没。我们只有坚持与拥护党的领导，中国的发展才能维持长久。同时，他也表示，人们在提高物质生活水平时，忽略了精神文明的建设，因此引发了一系列道德问题的发生。最后，他强调，在加强思想道德教育这一方面，学校、家庭和社会应相互结合，共同促进道德建设。

在儋州丹阳学校，调查对象是部分高二、高三学生。学生配合度较高，填写问卷认真。在这一过程中，个人认为，学生道德的形成与发展，受社会环境、家庭环境以及学校环境的影响。其中，父母教育是最为重要的一个环节，教师的作用同样不可忽视。教师的品德与行为对学生的道德思想与行为有着不小的影响。因此，教师应以良好的品德与行为对学生进行正确的引导和影响，而不是试图通过大声责骂与威胁进行教育。此间，我们对一名高中教师进行了访谈。他表示，近年来，海南居民的素质有所提升，但是仍然存在许多不良的道德现象。他认为，在道德教育中，家庭的作用最为重要。

调研地点：海南省澄迈县
调研时间：2016 年 7 月 6 日

今天，澄迈金江是西线调研活动的最后一站。澄迈的某条繁华街道上的各个商家与消费者是我们的调研目标。虽然说，此次调研目标较为集中，容易寻找，但调研工作还是存在着一些困难。每当突破一次，收获一些，进步一点，自然喜悦万分。

经过对近三十家商店的走访，个人所负责的问卷数量终于全部完成。在此过程中，我了解到，大多市民受教育程度较低，较多属于小学、初中、高中学历。许多人认为，生活中没有道德模范的存在，更别论影响。很多人表示，不知道"社会主义核心价值观"的具体内容，认为善良、诚信也应该属于核心价值观的内容。多数本地人对海南的社会风气较为满意。对于问卷中所提到的"网络影响"这一题，大多数人表示难以选择，因为他们觉得网络对于人们的社会生活、工作以及学习既有积极影响，也有消极影响，但是问卷上没有这一选项。在进行访谈时，访谈对象表示海南虽然目前存在着文化素质不高，城镇建设水平不快，交通与治安仍待改善等问题，但因为国家对旅游发展的重视和对海南战略地位的重视，所以对海南的未来充满信心。

调研不断推进的过程，也是我对自身缺点与优势不断发掘的过程。在整个调研活动中，我发现自己存在着许多不足，同时也努力地在实践中不断探索与改进，以扬长避短。

调研日记之三

孙小霞

调研地点：海南省文昌市

调研时间：2016 年 7 月 12 日

海南大学马克思主义学院暑期实践调查团东线小分队于今日抵达文昌站。小分队的小伙伴们在邵鹏鸣老师的指导下，自登上动车的途中就将问卷调查工作拉开了帷幕。在问卷过程中，车上旅客配合程度十分好，这体现了我省部分公民的道德心仍是积极热情的。但因为铁路部门交通秩序的某些规定，分队小伙伴在车上调研过程中遭到了列车乘务员的阻止，而这也透视出了若干问题值得我们去思考和借鉴。一方面，因为分队调查团代表的毕竟是社会公共群体，所进行调查研究总结出来的结果在很大程度上是为了更好地服务于我们的民众，我们的社会，因此我们所进行的实践调查应受到其他相关群体的配合。另一方面，列车乘务员对我们的问卷工作进行了阻止，也体现了其固守本职工作，是爱岗敬业的表现，这是每一个工作人员都应当尽到的职责，也是我们值得借鉴之处。

经过一个中午简单的休整，东线小分队自下午三点起便正式投入到了问卷和访谈的调查工作当中，六个组员通过两两组合，分别在文昌的中心街道上、文昌中学、文昌公园、大型商场、街边商铺等地点展开了问卷和访谈。针对为时三个小时的问卷及访谈经历进行总结，发现当前我省文昌地区的公民道德素质仍存在着若干问题。

首先，不同的性别和年龄层次，其道德素质存在明显差异。在问卷过程中，年轻的女性公民的配合程度比较高，如一些糕点和药店里的女性营业员会十分热情且耐心地填写问卷。而街边的，抑或是公园里，甚至是商铺里的个体经营户，其配合程度比较差。如一些男性公民会直接以不识字看不懂等为由拒绝填写问卷。甚至会用某些极端激烈的言语对分队小伙伴进行人身攻击，如指责其是在宣传所谓的骗人行径等。

其次，不同的工作阶层人员，其素质差异更为凸显。通过此次问卷发现，从事服务性行业的人员其道德素质较高。如在中国移动专营店、药店，抑或商场超市里的工作人员配合问卷的态度也比较积极。

最后，受过高等教育的学生群体其道德素质较高。在此次调研的对象中，配合度最好的仍是学生群体。而这也体现出了教育对公民道德素质塑造仍是十分有成效的。

总之，通过此次文昌站的问卷加访谈工作，东线小分队收获颇丰，当然我们过程中也遇到了某些困难和阻碍，这也说明了我们的调研方式和前期准备工作诚然还不够完善，这是我们需要改进的地方。

调研地点：海南省琼海市

调研时间：2016 年 7 月 13 日

走过了国母之乡，东线小伙伴今日接着来到了娘子军故地，并秉承群众路线通过走街串巷继续我们的问卷调查和访谈工作。

初抵达琼海的时候，调查团的小伙伴们无一不为这座城市感到赞叹。许是琼海这片土地凝聚着先辈们的爱国英魂，这座城市的大街小巷都弥漫着蓬勃的朝气。整个城市十分干净整洁，沿街商铺都在井然有序地进行经营，在红绿灯路口甚至可看到志愿者们在炎炎烈日下维持着交通秩序。

在下午时分的调研过程中，我们深刻体会到了琼海人民的热情。沿街商铺和公园里的群众都十分积极配合小伙伴们的问卷工作，从中亦体现了琼海人民的道德素养程度还是相当高的。

在结束了一天繁忙的问卷调研工作后，调查团的小伙伴们在傍晚时分来到了当地颇有口碑的一家名为凉爽的餐饮店。在这个店里，我们见识到了什么叫作宾客如云。整个店里的桌子都是满座的，小伙伴们抱着好奇之心点了些许餐点和冷饮，并和邻座的客人闲谈起来。在交谈中，我们了解到这是一家由海南当地人开的餐饮店，餐饮内容涵盖时下人们所青睐的炒饼、椰奶清补凉、小炒类等一系列美食。此外，这里的价格是被客人认定了的良心价格，经济实惠又美味；还有一点值得赞扬的就是该店的服务人员整体素质非常好。其精神风貌给人感觉特别好，他们统一着装，各自分工各司其职，步履轻快地在为客人服务。此外，该店的服务人员服务态度特别好，即使是在来客应接不暇的时候也没有表现出不耐烦的神情。而这是很多街边餐饮店都做不到的。由此可见，该店之所以能作为琼海颇有名气的餐饮店之一，这与该店的经营人员的整体素质是息息相关的。这是值得我们去借鉴的，即人的整体素养提高后，会化为促进经济发展的隐形驱动力。

千里之行，始于足下。个体的力量虽然是微小的，但我们也应当恪尽本分，做好自己的事情。虽不能做到兼济天下，但需努力做到独善其身！

调研地点：海南省三亚市

调研时间：2016 年 7 月 14 日

  炎炎夏日，东线小伙伴们于中午抵达了三亚，经过简单的休整就投入到了忙碌的问卷和访谈工作当中。

  三亚是个美丽的旅游城市，但在问卷过程中小伙伴们深深体会到了与夏日截然相反的感觉。小伙伴们在第一市场的沿街商铺进行问卷工作，但一路上遭到了诸多的拒绝，许多人拒绝的理由无非是填这个问卷有何好处，另一理由是你们这都是形式主义工作，甚至有些年轻的民众以不识字为由拒绝填写问卷。由此亦透视出来这个城市发展所存在的一些问题。首先，该城市部分民众功利思想盛行，已经扭曲了其基本的价值观。其次，民众在社会交往中缺乏最基本的人际信任。这也体现在一些民众在填写问卷时在看到了基本的信息填写栏时，就断然拒绝继续填写问卷。由此也体现了在社会交往中信任危机的加深。最后，一些居民其科学道德素质水平尚低。在教育如此普及的当下，作为城市居民，尤其是旅游经济如此发达的城市，其民众所表现出来的言行与经济发展竟如此大相径庭。

  综上述，经济发展的同时必须要把民众的精神工作抓好，通过各种有效途径提升民众的科学文化和思想道德素质。也只有这样，才能使民众隐性的精神力量为经济的发展、城市的发展提供源源不断的助力。

  虽然小伙伴们的问卷调查工作并不顺利，但是社会的主流价值思想对大部分民众的影响还是积极向上的。在一些比较具有代表性的场合，如肯德基店，茶餐厅店或某些购物中心，许多民众的配合度还是十分积极的。在途中，小伙伴们遇到了同校的许多校友，而这些毕业多年且参加工作了的校友态度十分热情积极。这就从中体现了本校的校训铭刻在每一位海大学子心中。海纳百川，大道致远。身为海大一员，我们须更加努力，脚踏实地办事，心胸开阔做人。

调研地点：海南省陵水县

调研时间：2016年7月15日

经过前面三天忙碌的问卷调查和访谈工作，东线小分队积累了不少的问卷调查经验，当然也觉得有些疲惫。尽管如此，我们会坚决把任务完成好。因此，小分队的小伙伴们怀着期待的心情抵达了最后一站——陵水站。

陵水是个漂亮的城市，但和人们想象中的不太一样。虽然这座城市有些蔚蓝的天空，林立的高楼，整洁的街道，但更为明显的一点是这里人烟稀少。即使是在市中心的商业广场（海韵广场）也没有很多密集的人群，而这也给分队小伙伴们的问卷工作带来了很大的难度。因此，小分队的小伙伴们只能选择在商场和沿街商铺甚至在汽车站发放问卷，但收效甚微。

受限于人口稀少的原因，小伙伴们随即改变了行动策略。即在商业广场的一家肯德基里一边进行问卷工作，一边以随机闲谈的方式来了解这座城市的公民道德素质发展状况。其中，有一位本地的居民在与我们闲谈中提及"陵水以前民风淳朴，而现在鱼龙混杂，什么人都有，买个东西或打个车都能被坑。此外，在傍晚的用餐期间，坐在我邻座的一个客人在餐点上来之后，斥责了该餐店的服务员。原因在于这位客人点了一份红烧肉的套餐，但是在上菜后，这位客人发现所谓的红烧肉其实只是普通的水煮肉，且肉皮上还带着许多明显可见的猪毛，难怪该客人会生气斥责该店服务员。最后通过协商，该餐店对这位客人的用餐采取了全额退款的方法。而该客人还算明理，也不往下深究，就说了一句：现在的人咋自己人坑自己人，开门做生意，卖的是品牌是质量，怎能明目张胆欺骗顾客……"

所以，经过之前与当地居民进行闲聊和傍晚时分的用餐事件，我对这些事情进行了深刻反思。个人认为陵水当前的公民道德素质发展依然面临着诸多问题，而这些问题主要包括以下几点。一是公民的基本道德规范还没有深入人心，无论是当地民众抑或是外来迁居于此的民众都没有准确地理解好基本道德规范；二是民众在普通的社会交往中缺乏基本的信任感，投机谋利思想泛滥；三是缺少强有力的领导与监督，所以造成一部分人依然我行我素，缺乏基本的公德心。当然，一切问题的产生皆有其因。而造成这座城市的公民道德素质发展存在诸多问题的原因在于，在发展经济的同时轻视了对其公民道德素质的培养。只注重"抓经济建设而不抓精神建设"。

近几年陵水的经济发展地很快，各个地方都进行了大型的地产开发项目。但是经济发展的同时也吸纳了很多的外地人迁居陵水，而这些人在落户陵水后使得陵水的人群构成体系发生了显著变化。外来人口的注入必定带来文化或观念的差异，而陵水本身又是个少数民族聚居地，这就使得外来文化观念对当地的文化观念和风俗形成了冲击。而这些差异往往就成为当地公民道德素质发展呈现出诸多问题的诱因。

综上所述，相关当局应当在做好以经济建设为中心的工作时，也需要做到当地公民道德素质的精神建设工作。否则，"上层建筑"的工作不做好，将会给基础的经济建设工作带来更大的压力和阻碍。诚然，公民道德建设需要发挥多方位的合力作用才能促进其更好地朝前发展。作为一个普通的公民，我们应当清醒地认识到自己的职责，在享受公民权利的同时更要履行好公民的义务。为公民道德素质发展尽己之力，书写好海南公民的形象名片。

第四章

随　笔

随笔之一　冠国际之名，与国际接轨，海南建设任重道远
——海南公民道德素质随想

王怡馨

我作为一个土生土长的海南人，亲眼见证了海南这二十多年来的繁荣发展，三亚"美丽之冠"世界选美大赛、博鳌亚洲论坛的举办等，海南岛正逐渐走向世界。得天独厚的自然风光，是上天赋予海南人民的宝贵财富，这里是长寿之乡、颐养之地。

海南国际旅游岛的名声十分响亮，然而后劲发展不足，海南的发展进入了攻坚期、改革期。想要建设美丽海南、为国际旅游岛的发展提供后续保障，离不开公民道德素质的不断提升。海南作为全国唯一的省级经济特区与最大的经济特区，已经在行政管理体制改革、生态省建设等众多领域实现了创新突破。在社会文明建设方面也进行了有益的探索，比如综合整治旅游市场环境、专项治理"庸懒散贪奢"，开展声势浩大的"海南文明大行动"等活动。特区人的文化与道德修养在不断提高，良好的文明风尚在逐渐形成。这其中有不断发展壮大的义工队伍，有追求文化精神上充实的普通人群和道德模范，还涌现出"扎根基层、无私奉献"的鹦哥岭青年团队这样在全国具有示范效应的先进事迹。习近平总书记强调，"人民幸福是一切工作、推动发展的目的和核心"，"要让全省人民从国际旅游岛建设中得到实实在在

的好处，不断提高生活水平和质量"。以人为本，关注人们的精神面貌、人际关系、文明程度，促进公民道德素质的提高，是努力促进人的全面发展的重要内容，是海南建设国际旅游岛的核心问题。

海南人民的热情就像海南四季的阳光一样高涨，海南人民的淳朴就像海风一样舒爽，而善良勤劳的海南人民却在公民道德素质上显得那么苍白无力。在海口进行"双创"工作之前，海口夜晚路边摊臭气熏天的垃圾和污水、混乱的城市规划和交通秩序让每个来琼的游客咋舌。在经历过这几天的深入调研，我深刻地认识到只有切实提升公民道德素质，让每位海南人民树立起强烈的主人翁意识，才能一起携手共创海南美好的明天。当前海南公民道德素质和国际旅游岛文明程度现状与海南今后的发展目标还不相适应。比如在公共场合缺乏公德意识，对公共设施不太爱护、横穿马路、无序乘车、随地吐痰吐槟榔口水、乱扔乱倒垃圾，还没有形成文明礼让的公共秩序和整洁有序的公共环境。表现在职业道德方面，主要是缺乏文明诚信的经营秩序，一些旅行社、酒店为了利益不择手段，购物回扣、低价诋毁竞争对手。一些违规经营的企业、个人的欺客宰客行为时有发生。还有一些领导干部行不仁之举，取不义之财，违反了党纪国法，败坏了社会风气。这些不文明现象和缺德行为显然还不符合现代文明的需求和标准，也从一个侧面反映出海南提升公民道德文明素质的现实性和紧迫性。

党的十八大报告强调要全面提高公民道德素质，"加强社会公德、职业道德、家庭美德、个人品德教育，弘扬中华传统美德，弘扬时代新风"。因此，当前提升公民道德素质主要从这四个方面去做。遵守秩序公德，就是说我们在公共场合要遵纪守法，既要遵守公共场所的纪律、规章、社会公约等明文规定，也要遵守那些没有明文规定的道德经验、行为习惯，如公共场所不要大声喧哗、遵守交通规则等。而树立良好的职业道德，就是倡导爱岗敬业、诚实守信、办事公道、服务群众、奉献社会。当前尤其要强调公务员的职业道德，要做到以人民和国家的利益为重，维护社会的公意（公众意愿）精神。树立良好的家庭美德，则是要求每个公民在家庭生活中处理好长幼间、夫妻间、邻里间的关系。我们很容易发现，家庭美德能带动社会公德和职业道德。一些人社会公德好，职业道德好，原来是他有很好的家庭美德。所以家庭道德教育成为职业道德和社会公德的第一所学校，更加要倡导以尊老爱幼、男女平等、夫妻和睦、勤俭持家、邻里团结为主要内容的家庭美德。最后要说的个人品德是人生幸福的重要内容。一个人如果具备优良的品德，往往能受到他人的尊重，体现出做人的尊严和价值，使人生更加完善，个体的心理更健康。

最后，要提升公民道德素质和国际旅游岛文明程度，就必须认真贯彻习总书记的讲话精神，结合推进国际旅游岛建设的一系列战略举措，采取有针对性的措施。要根据建设国际旅游岛的需求和国际文明礼仪标准制定出规范的文明礼仪行为准则，并在全岛推广，尤其是在公务员队伍、服务行业、窗口单位中大力推广。除了行为准则外，还要尝试建立公民道德素质评价体系，使公众有明确的参照标准。

推进建设公民道德素质还需要规划部署，公民道德素质的养成需要全社会的参与和共识。所以还要加强舆论宣传和引导，搞好全民教育和培训，通过中小学德育和社会公德教育、各种讲坛、论坛，图书馆、科技馆、展览馆、青少年宫、新闻媒体、互联网等渠道加大宣传、扩大影响范围，培育讲文明、重礼仪、团结友善、热情好客的社会风尚，使全民参与到道德素质建设和国际旅游岛文明创建中来。

另外，继续加大财政投入，抓好城镇基础设施建设，也是为社会文明道德素质的提升创造雄厚的物质保障。

随笔之二　浅谈"岛民"的道德特质与展望
——海南公民道德素质随想

孙小霞

海南是个海岛之地，在这里成长和生活的人们被外界冠以"岛民"的称号，因此，"岛民"即指海南人。琼岛之地因其独特的区域性地理位置和文化，使得岛民们形成了独特的性格特点，如淳朴憨厚、慵懒无争、谦让热心等性格特点，而在性格特点的作用下，亦使得岛民们形成了双重的道德特质。

当前，"岛民"的道德特质主要涵盖两个方面的内容，一方面表现为积极的特质，另一方面表现为消极的特质。积极的特质主要体现在岛民们的谦让思想和友善行为。消极的特质主要体现在岛民们的功利思想和短视行为。

东线小分队在为期四天的调研过程中，深切体会到了岛民的双重道德特质。

在抵达首站文昌站后，调查小分队分别在文昌的中心街道上、文昌中学、文昌公园、大型商场、街边商铺等地点展开了问卷和访谈。在问卷和访谈过程中，我们发现不同的性别和年龄层次，其道德素质存在明显差异。一般年轻的女性公民的配合程度比较高，如一些糕点和药店里的女性营业员会十分热情且耐心地填写问卷。而街边抑或是公园的，甚至是商铺里的个体经营户，其配合程度比较差。如一些男性公民会直接以不识字看不懂等为由拒绝填写问卷。甚至会用某些极端激烈的言语对分队小伙伴进行人身攻击，如指责其是在宣传所谓的骗人行径等。

在琼海站的时候，我们发现琼海人民整体的公民道德素质相对较高。在琼海站结束了一天的问卷工作后，调查小分队成员在一家个体经营的餐饮店进行小憩，在与店中客人交谈过程中，我们更加深切地感受到了琼海人民的精神风貌和道德特质。在交谈中，我们了解到这是一家由海南当地人开的餐饮店，餐饮内容涵盖时下人们所青睐的炒饼、椰奶清补凉、小炒类等一系列美食。此外，这里的价格是被客人认定了的良心价格，经济实惠又美味。还有一点值得赞扬的就是该店的服务人员整体素质非常好，其精神风貌给人感觉特别好，他们统一着装，各自分工各司其职，步履轻快地为客人服务，即使是在来客应接不暇的时候也没有表现出不耐烦的神情，而这是很多街边餐饮店都做不到的。由此可见，该店之所以能作为琼海颇有名气的餐饮店之一，与该店的经营人员的整体素质是息息相关的。而从这反映出来的某些信息是值得我们去借鉴的，即人的整体素养提高后，会化为促进经济发展的隐形驱动力。

不同区域的人们所具备的道德特质是迥异不一的，这些差异往往受诸多方面因素的影响。而"岛民"的性格特点和道德特质的形成是有历史因素和现实因素的作用。

一方面，海南地处中国最南端，素来被称为琼州、崖州或是琼崖之地，在古时为统治王朝辖区最荒远的边界。在封建王朝时代，海南是四大流放地之一，因此，其贬谪文化、流放文化意蕴深厚，影响悠长。以前，生活于流放之地的海南人因惧于统治者的权威，以及以海谋生的生存方式使得海南人形成了乐天安命、守己无争的思想观念。此外，海南是偏远的琼崖之地，北隔琼州海峡与广东遥遥相望。所以先进的思想和文化观念难以传播到闭塞的琼崖之地，这就使得海南岛岛民的思想和文化观念和教育的发展远远落后。而在利益面前，则会在思想道德和行为表现上表现出功利性的道德取向和短视的功利行为。

另一方面，飞速发展的经济建设在一定程度上冲击了"岛民"的思想观念，造成岛民的思想道德素质发展短期之间难以适从高度发展的经济步调。1988年，海南被批准建省和设立经济特区，海南的发展获得了国家的高度重视。自此，海南的发展趋势越来越好。2010年1月4日，国务院发布《国务院关于推进海南国际旅游岛建设发展的若干意见》。至此，海南国际旅游岛建设正式步入正轨。伴随着海南经济建设的一系列重要战略的出台，吸引了诸多外来人士拥入海南，而这些人拥入海南后使得海南的人群构成体系发生了显著变化。外来人口的注入必定带来文化或观念的差异，加之海南亦是个多民族的地区，少数民族的生活习俗和文化观念各异，这就使得海南形成了多元文化的聚集地。而外来文化观念与当地的文化观念和风俗形成了冲击，在这些多元文化的冲击下，"岛民"们的道德素质发展往往就会呈现出诸多的问题。

综上所述,"岛民"们的双重道德特质是在深刻的历史性因素和现实性因素的影响下而形成的。其整体的道德素质水平较五年前确实得到了明显的提升,但不可否认的是当下"岛民"们的整体道德素质发展仍存在诸多不足之处。但是公民的道德素质建设是一项长期的工程,必须要常提常抓。通过此次调研,小分队从民众的所感所行中了解到了当前海南公民道德素质建设必须要常抓不懈,且必须要通过多方面的合力协调作用,才能有效地提升海南公民的道德素质。

未来的海南将会迎来更多的发展机遇,在经济高速发展的形势下,公民的道德素质建设亦会面临更多的机遇与挑战。在面临机遇与挑战时,政府和公民必须善于接受机遇勇于挑战,促进自身公民道德素质的建设。当然,公民道德素质的建设必须贯彻落实到民众的生活实际中。

首先,政府在道德素质建设问题上首先要做出榜样示范作用,必须切实深入群众,贯彻从"群众中来,到群众中去"的群众路线,这样才能增强民众对政府的认同感,进而才会身体力行。

其次,转变道德素质教育的方式。例如,不能一味地进行填鸭式的道德宣传,而是应该多组织一些民众喜闻乐见的民俗活动,采取潜移默化的教育方式让民众在实践活动中规范和提升自己的道德素质。

最后,要建立健全道德评价体系及制定完善的道德行为奖惩机制。道德往往没有规定行为的下限,诸多民众的做法是法不禁止即可为。这是当前许多民众在现实生活中面临利益抉择时而采取的一贯作法。因此,加强公民道德素质的建设除了要加大宣传教育的力度外,更要加强道德行为评价体系的建设,通过从体制上规范公民的行为取向。

总之,海南的公民道德素质作为推动海南经济发展的隐形杠杆,必须要通过多方位的合力作用,共同推进其道德素质的提升,进而使隐形的精神力转化为促进经济发展的现实生产力。

随笔之三 海南公民道德素质调查感想

廖桂真

作为一个土生土长的海南人,海南省这些年经济领域的快速发展让我不得不由衷赞叹。随着经济发展带来的影响,我不能说海南公民的道德素质变差了,因为时代是在不断发展变化,社会大环境是在不断向前进步,国民教育水平也是在不断提高,公民道德素质作为时代变化、社会大环境以及国民教育水平的重要体现,是最能反映出整体成果的重要衡量标准之一。

我先谈谈我亲身经历过的事情,再结合此次调查过程中的访谈内容谈谈我的感想。自从回到海南大学读研究生以后,我一直是以电动车作为往返于家和学校之间的代步工具。从2014年9月份开始至今,我被逆行而来的电动车撞倒过三次,重点是每次发生碰撞事故之后的肇事电动车司机总是扬长而去,没有一句道歉和关心,反而是路人向我伸出援助之手,这都让我感慨万千。我走过中国大大小小十来个城市,海南省是目前我所见过的电动车数量最多的城市,也是最不规范管理的城市。自2016年7月份以来,我拿到了小汽车驾驶执照之后本应很愉快地上路驾驶,然而在驾驶过程中,简直分分钟都触发了我内心的小炸弹。有的司机肆意变道不打转向灯、有的汽车乱停乱放阻碍交通、有的公交车和出租车横冲直撞、有的大货车严重超载等现象随处可见。但是也有的司机遇到人行横道线时会主动放慢速度甚至停下车来礼让行人,即使没有红绿灯的约束他也会自觉礼让行人;有的公交车司机会耐心等待行动不便的乘客上车下车,不会随意占道停车;有的司机会按照秩序排队等待红绿灯,不随意变道或掉头、转弯。我们在批判公民道德素质的同时,也不能忘记时刻严格约束和要求自己,从自身做起,同时也不能忘记宣扬正能量,这是我一直坚持的。

除了交通方面的问题突出，不讲文明礼貌、在公共场所大声喧哗、出口成"脏"、乱扔垃圾、随地吐痰、随意插队的行为；对他人漠不关心，只关心自己的个人利益，缺乏见义勇为精神，不关爱老弱病残幼等弱势群体；不爱护公物，乱涂、乱画、损坏公共设施方面的问题也时有发生。事关广大人民群众生命安全和身体健康的食品、药品等行业生产假冒伪劣产品情况严重，导致人们对行业监管部门、生产销售企业的信任缺失。每当我观看海南电视新闻节目又曝光某些企业制假售假或者"三无"有毒食品流向市场的新闻就不寒而栗，以前总是想着新闻曝光后什么东西是不能吃的，现在是想着新闻不断曝光以后我们还能吃什么？什么东西是能让我们广大人民群众真正放心去购买和食用的？这一系列问题都严重冲击着社会的道德底线，拷问着人们的道德良知，严重败坏了社会风气，损害正常的经济社会秩序，甚至损害了我们民族和国家的形象，必须认真加以解决。

党的十八大报告中指出，要全面提高公民道德素质，要坚持依法治国和以德治国相结合，加强社会公德、职业道德、家庭美德、个人品德教育，弘扬中华传统美德，弘扬时代新风。推进公民道德建设工程，弘扬真善美、贬斥假恶丑，引导人们自觉履行法定义务、社会责任、家庭责任以及个人责任，营造知荣辱、讲正气、做奉献、促和谐的良好社会氛围。深入开展道德领域突出问题专项教育和治理，加强和改进思想政治教育工作，注重人文关怀和心理疏导。深化群众性精神文明创建活动，广泛开展和推广志愿者服务，推动学习和宣传优秀道德模范活动常态化，充分发挥道德模范先锋的引领作用。

中华民族，以其高素质的民族性格，创造了辉煌的中华文明。这种延续至今的文明，曾经哺乳了整个东亚文明圈，甚至推动了整个人类历史的发展。但是，还应当看到，当前社会生活中不道德的行为仍然屡见不鲜，一些领域还存在道德失范、诚信缺失等现象，使我们的道德建设面临一些新形势和新任务。

我只能说，素质低的人是少部分，但是偏偏这少数部分的人，就可以体现出我们海南甚至是中国整体的公民道德素质情况。全面提高公民道德素质，不仅仅需要坚持党的正确领导，更需要我们每一个中国公民的共同努力。全民道德素质，是每一个公民素质的综合体现，作为社会最普通的一员，我们可以做的事有很多，或许是些微不足道的小事，但却真实反映着全民的道德素质。建立、健全和完善社会主义道德体系任重而道远，需要我们大家共同努力，需要一个长期而又艰巨的过程，我们不能只是停留在口头上，而必须落实在实际行动之中。从我做起，从一点一滴做起，从现在做起。

随笔之四　教师是学生良好品行的引路人

吴艳倩

2016年7月5日，伴着夏季清晨特有的一丝爽朗，我和苏海娇一同如约前往目标地点——儋州丹阳学校。这是苏海娇的高中母校。我们即将见到的，是她熟悉的校门，怀念的教室，还有那些和蔼的老师。此时，我的心情是激动而又紧张的。激动的是我们可以借此机会重新回味校园生活，虽然过程短暂，但也值得期待；紧张的是我们要在令人怀念的校园里进行调查活动，不知老师和同学能否支持？这些想法，我也只是悬在心里，并未能勇敢地说出来，因为苏海娇的脸上写满了希望。不过，在路上，我们谈了许多事情，交流了彼此的想法，也感慨着生活的惊喜与平淡。随着时间的推移，条件的变化，我们会有许多身份，扮演着不同的角色，担任着不同的使命，也受着不同人的不同影响，发生着不同的变化。在学校里，我们是学生，而教师则是对我们的品行影响最深刻的人。此次活动，最让我深有体会的是"教师是学生良好品行的引路人"这一道理了。

在苏海娇的带领下，我们很快就到了目的地——儋州丹阳学校。那一刻，苏海娇眼里盛放出欣喜的光芒。她激动地讲述着高中老师对班级学生的关心和鼓励，至今仍令她记忆深刻。这是不难理解的，在学生阶段，我们总会遇到一些品行良好、为人正直、关心学生的好老师。好老师对学生的品行的影响多数是积极向上的，因为其具有模范作用。我们边交谈边往学校里面走去，不久，便和张老师（苏海娇的高中班主任）汇合了。在张老师的帮助下，我们得以在学校进行问卷调查和访谈。在工作的过程中，我看到性格温和的老师对待学生的方式和性格暴躁的老师对待学生的方式是截然不同的。同样，对学生品行所产生的影响自然也是大不相同的。说话温和、言出必行的老师会较为重视学生的感受，积极使用鼓励的话语，爱的教育，对学生会产生良好的影响，同时也因为其以身作则，学生以之为榜样，品德得以提升；而性格暴躁、随意责骂学生的老师较为容易伤害到学生的心灵，学生容易产生抵触心理，甚至学习其不良语言行为。因而，我坚信，在学校里，教师是学生良好品行的引路人。作为人民教师，教书与育人是自身的责任与使命。但是，往往有些时候，个别老师只会记得教书的任务而忽略了育人的重要性，以至于忽视学生的道德信念的树立和道德行为的培养，甚至不在乎自身的不文明行为对学生产生的不良影响，如破口大骂、伤害学生的自尊心等行为。在学校里，我感觉到，品行良好并尊重学生的老师，学生遇到了，他们脸上是会洋溢着真心的笑容的，言行也是极为尊重的。苏霍姆林斯基曾言："教师真正的教养性表现为：学生能从他身上看到一个引导他们攀登道德高峰的引路人，从他的话里听出他在号召他们成为忠于信念，对邪念不妥协的人。"我认为，公民素质无非是受社会环境、家庭环境以及学校环境这三者的影响。其中，学校环境是进行思想道德教育的主要阵地。在这个主要阵地之中，教师对学生的影响尤为重要。因此，教师应该不断地提升修养，修炼品格，完善自我，以良好的品性道德去影响学生，使学生树立正确的道德意识，形成良好的道德行为，促进公民素质的提高。本次调查活动，我是怀着复杂的心情完成的，因为思考得太多太多，深感思想道德教育任重而道远。

　　在结束工作后，我和苏海娇并肩走在绿荫葱葱的校园小道上，就校园物质环境、文化环境以及师生关系深入交流了一番，认为物质与文化需双向发力，教书与育人应齐头并进。这时，随着我们的前进，校园的风景离我们越来越远，一切又是更近的真实。我也不禁想起，这些年，在求学生涯中遇见的那些富有责任感，品行优良，令人尊敬的好老师，尊重学生，鼓励学生，帮助学生进步是他们不断坚持的教育理念。2008年5月12日，汶川地震发生的那一刻，一位老师正站在三尺讲台之上，为学生们授课。当教室开始剧烈晃动时，她大声地向学生们喊道："地震，快跑！"等到学生们都跑出去以后，她一个人默默地关好多媒体，关好教室的灯和门窗，才安心地撤离了。那时，学生们纷纷对老师的责任心与遇事沉稳表示感激与钦佩，因为老师第一时间想到的是学生的安危，而不是自己，以身作则为学生树立了良好的榜样。过后，这件事情也成为学校里的一段佳话，不断激励着学生们学习榜样，培养良好道德品行。

马克·吐温说过："道德是一种获得——如同音乐，如同外国语，如同虔诚扑克和瘫痪——没有人生来就拥有道德。"人生是不断学习的过程，家庭、学校以及社会是我们进行学习的重要场所，优良的道德品质在此因锤炼而获得。在这里，我们能正确地认识社会道德生活的规律和原则，不断地规范自己的行为，选择较为合理的生活道路，做一个对社会有用的人。而在这条蜿蜒且漫长的道路上，父母、教师以及同辈群体等都不同程度地发挥出了自身的重要作用。苏霍姆林斯基曾经说过，教师不仅是教课的教师，也是学生的教育者，生活的导师和道德的引路人。道德教育的核心问题，是使每个人确立崇高的生活目的，向着未来阔步前进，时时刻刻想着未来，关注着未来。由理解社会理想到形成个人崇高的生活目的，这是教育，首先是情感教育的一条漫长的道路。

随笔之五　海南公民道德素质教育须从娃娃抓起
——谈未来海南公民道德素质的提高
闫丽丽

2016年7月5日，我们来到美丽的儋州市进行调研活动。下午时分，我们吃过晚饭，来到一广场，有大妈在跳舞，有老人偕孙儿闲逛，也有些人坐着闲谈，我们一行人迅速走向人群。我们小组大多数人聚集在广场，我扫视了广场周围，发现了一个大剧院，似乎有活动。怀着好奇的心，我走近剧院，原来是儿童表演，里面聚集了很多父母前来观看。我心里狂喜，准备进去时却被门口的服务人员拦住。服务员告诉我必须要有邀请的卡片才能进入。我向其介绍了自己的来意，服务人员请示了相关负责人后最终答应我可以进去。剧院大概容纳了五六百人，有年过六旬的老人，也有年轻的父母，还有主持人在台上指挥来往人员座位的安排，并有两架大型的照相机摆在中后方的中间位置。剧院里坐满了人，他们有的低头玩手机、有的和旁边的人谈着自己的孩子，也有的盯着舞台似乎在看什么。经过一番扫视之后，我沿着后座开始了调研。

孩子是父母的期盼，剧院的很多父母眼睛盯着舞台，也许在期待着自己的孩子出现。然而，此刻离表演还有一个小时。在我的打扰之下，一位年轻的妈妈回过神来，与我进行了交流。这位母亲告诉我孩子上四年级，特别爱好跳舞，谈话间，幸福的笑容洋溢在脸上。"您对孩子的教育上投入有多少？"我怀着好奇心问道。这位妈妈告诉我，"大概要占收入的1/3"。按这个比重还是相当大的，因为除了孩子的支出，还需要各种交往、饮食、交通等支出。但是孩子的母亲告诉我，"我总想把最好的给她"，这使我非常震惊。可怜天下父母心，我深深地被这位母亲的爱触动着。除了这位母亲，另外一位老伯给我印象也较为深刻。由于岁月的洗礼,老伯脸上刻着深深的皱纹,但是这毫不影响老人激动的心情。当我走近他时,他笑眯眯地告诉我,"我是来看我孙子表演的,你的那个东西我看不懂"。看着老人那么淳朴,我随即坐在了他旁边的空座位上,与他交谈起来,经过我一字一句地向他解释,问卷很快做完。随后老人欢喜地告诉我,他的孙女很懂事,"孩子喜欢舞蹈,我眼睛不好,孩子的爸妈比较忙,但是孩子经常拉着我出去散步,陪我解闷"。说着,老人哽咽起来,"是个好孩子,我今天就是专门过来看她表演的"。

父母对孩子的爱是最无私的爱。现在很多家庭都是独生子女,家长们总是渴望给予孩子最好的生活条件。当然很多家长更想让孩子得到更好的教育。海南公民道德素质水平的提高,离不开教育,更要从娃娃抓起。现下,海南某些人民道德素质较低,比如随地吐痰、脏话连篇、不遵守交通规则等现象经常发生。产生这些问题的主要根源在于教育缺失。在海南西部调研中,我发现很多人并没有接受过中等教育或者高等教育。他们的父母让他们从小就出来打工赚钱或者在家务农,有的人觉得读书无用,有的人甚至没有钱读书。

随着国家对海南国际旅游岛建设的重视及对教育投入力度的加大,海南公民道德素质教育面临着良好的发展机遇。孩子是祖国的花朵,是国家的希望。随着生活水平的提高,越来越多的家长更加注重孩子的发展问题,他们为孩子前途而辛苦劳作。但是,现下还是有些家庭过于注重孩子的经济条件而忽视了道德教育。因此从现在开始,应当注重孩子的全面发展。首先,发挥家庭的教育功能。父母与孩子之间的血缘关系,使父母的喜怒哀乐对孩子有强烈的感染作用。孩子对家长的言行举止往往产生共鸣,因此,家庭是孩子的第一课堂。孩子2/3的时间都是待在家庭中,不自觉地接受着家庭教育的影响。因此,在创建这种环境下,海南培养未来的接班人,就必须要每个家庭的努力,需要家长对于孩子的生活习惯、道德品行、谈吐举止等给予影响和示范。因此,在国际旅游岛这个大环境下,海南人民群众不光自己要注意言行举止,更要内化于心,教育自己的孩子。对此,父母应当谨言慎行，在潜移默化中，使孩子的道德水平提高。

其次，要发挥学校的育人功能。百年大计，教育为本。教育是培养人才，关系国家、民族发展的根本，是知识经济时代人们生存发展的永恒话题。因此，学校教育是孩子发展的重要途径。然而，在海南的西部贫困地区，有些孩子却无法正常上学。因此，海南公民道德素质教育不是说随便做个宣传，把道德标语摆放在那里就起作用的，而是要从根本上得到解决，必须要帮助人民群众实现脱贫，帮助每个贫困家庭的孩子都能接受到良好的教育。现今，海南出现了很多中、小学校，然而在很多贫困地区的学校并没有多少学生。家境好的跑到市区上学，而贫穷的则直接辍学不读。因此，国家在抓教育的同时，更要关注这一现象。帮助群众解决问题，真正发挥学校教育的作用。

海南未来发展需要公民有较高的道德素质，而教育是提高素质的重要途径，需要社会、家庭和学校的共同努力，从娃娃抓起，从小教育，为提高我国公民道德素质打下坚实的基础。儋州市的这次调研让我看到家长和社会对于孩子的重视，看到了海南未来发展的希望，我坚信海南的未来将会更加美好。

随笔之六　海南公民道德素质调查随想
苏海娇

我们西线小组的问卷调查工作，由于本科生都在考试，所以西线全部问卷工作的重担都落在了我们五个姑娘的身上。好在跟随我们一同出发的陈召万老师和杨娜老师对我们都很照顾，这一路上的工作在两位老师的带领下都有序地进行得很好而且我们大部分工作都是提前完成的，特别注重效率。每一个地方的工作都在老师的带领和分配工作下完成的。大家都很齐心协力，整个团队精神焕发，整个过程在大家的努力和认真的态度下完成得很好。大家在这几天中相处得也十分愉快，在这个过程中我们都学会了团队齐心协力的重要性，也正是这种精神使得我们每个人每天都像打了鸡血一样,工作起来都不觉得累,大家都很珍惜这次出来历练的机会,都很认真地对待每一天的工作。

在我们问卷工作的三个地点中,给我印象最深刻的是在儋州的工作。因为之前高中的时候是在儋州市里读的,所以对这个地方还是很熟悉的。在儋州落脚之后,晚上我们出去做问卷,在新市委的广场附近找了很多人帮忙填问卷。傍晚时分,大家都很休闲地在广场上或闲聊或打球娱乐,或者干脆坐在草坪上玩耍。在广场上问卷做得很是顺利,可能是大家都在一天工作的忙碌中刚解脱出来,说话都很轻松,向他们分发问卷的时候也很热情,这让我很是欣慰。要知道做问卷很多时候还是要忍受很多人漠视的眼光,有时候你很热情,而且是带着目的去接近也容易让人感到烦躁。所以,遭到拒绝是必然的。而在儋州问卷的填写过程中,大家的热情,很容易感动我。

而这跟儋州这几年的发展,应该是密不可分的。城市发展好了,社会环境自然也会跟着提升。记得高中的时候在儋州读书,上街的时候都不敢把包放在后面背,就因为扒手特别多。我曾经也被偷得身无分文,身份证、学生证都在钱包里。对小偷深恶痛绝,儋州市里的治安也给我留下一个很差的印象,真的再也不想到这个地方来了。然而,经过这几年的发展,儋州也成了地级市,整体经济发展很快,城市发展的速度超乎我的想象。在过马路的时候,我都能明显地感觉到变化,在红灯的时候绝对没有抢红灯的,也没有凑够一拨人就敢闯红灯的情况发生。而在海口,就在我们学校附近的那段路,闯红灯真的是成了家常,摩的随便闯,交通很不安全。有时候我都不敢随便出去走,摩的太疯狂,真是需要整顿了。

由于全省上下都在搞"双创",所以在儋州,文明交通也已经蔚然成风。马路上也特别干净,让人感觉很舒服。调研期间,在对高中同学进行访谈时,他提到儋州这几年的发展和变化,由于一直在儋州工作生活,所以这些变化他都是看在眼里的。以前交通混乱,闯红灯也是常有的事。治安也不行,打架斗殴事件也时有发生。而儋州的变化是在最近几年才开始的，他说，一个城市的发展跟市民的道德素质息息相关，一个良好的道德环境，是一个城市稳定发展的前提条件。儋州这几年的发展和变化可以说跟这个城市人民的道德素质的提升是密不可分的。这一点，在交通上他能明显感觉到变化，大家都是自觉地在遵守交通规则，那些想闯红灯的人，也就不敢冒险去闯了。在治安方面，他也提到，以前上学的时候经常听到哪哪儿又有人群体打架斗殴了，或者哪个娱乐城又砍死人了。这些事以前在儋州还是经常能听到的，而现在，都很太平，好像已经很久没有听说过这么恐怖的事情了。这可能跟政府现在采取的整风行动有关吧。大家的相处也变得和谐起来。

确实，我也发现了一些细微的变化，广场上人们安逸的生活状态，以及他们的热情和认真，都让人感觉很温暖。我相信这跟这个城市公民素质的提高是密切相关的，西线，相比东线的经济发展来说，西线确实是发展地不够的，而我相信在未来的发展中，儋州在西线城市的发展中将发挥引领的作用，一个城市的发展需要一群有道德有素质的公民去支持去遵守，才能更好地推动整个城市的发展；一个城市的和谐，也需要一群有道德有素质的公民去维持去坚守。我相信，在一群有道德有素质的公民的支持下，在政府的带领下，儋州的将来一定会发展得很好。只是，前提是必须要有一个强大的良好的公民素质的支持，这并不是一件易事，就像人的身体需要代谢一样，一个城市的发展也需要加入新的血液，把一些旧的坏的东西都换掉，才能焕发出更大的活力。

虽然，我们都看到了儋州近几年来的一些变化，但是，一个城市公民的道德素质不是说提升就能提升的，新的血液也不是说注入就能注入的，就像人的成长需要时间一样，一个城市公民道德素质的提高也需要时间，一个城市完成蜕变也需要时间。我相信在一群优质公民支持下的城市，在英明政府的带领下，它的发展不会太差也不会很慢，在海花岛建成之际，在儋州机场建成之际，在整个城市都在快速发展的儋州，未来，让我们拭目以待。到时候，我们一定还会回来，看看那时儋州的发展变化究竟有多么大。

随笔之七　海南省公民道德素质建设仍然任重道远
李瑾

怀揣着对这一片全年拥有绿色生命土地的向往，我选择了海大，来了近一年时间，本次借着暑期对海南省公民道德素质的调研活动，亲身感受了海南省的乡土民情，感触颇深。

本次暑期调研我所在的小组负责西线的几个城市，主要是东方、儋州以及澄迈。第一站，我们去的是东方市。东方市的调研活动，主要集中在汽车站附近，海南省给我的第一印象就是摩的和电动车特别多，在海南省绝对是个不可忽略的群体。东方市汽车站外面路边处处是摩的，他们都很热情，会主动去问是否需要帮助。相比较内陆的许多地方，儋州和澄迈的人民也是一样的热情。可能是有琼州海峡的原因，这里淳朴的民风依旧保持得很好。

民风淳朴，热情和善，是海南人民的一大优势，但是在公民的道德素质问题上就显示出一些劣势。调研所涉及的三个地方中，相比较而言，儋州的城市面貌、人口素质整体较好一些。东方与澄迈的街道卫生环境不太好，而且道路较窄，这其实也是一个城市文明发展程度高低的一个标志。

同时，在发放问卷的过程中，海南公民的道德素质水平也可以略见一斑。首先，此次问卷发放的三个地方都存在公民不识字的情况，而且随机发放问卷的群体中大部分人的文化水平都是中学，他们一听到"道德"一词，就容易以狭隘的眼光去理解，然后立即解释说自己没有道德，可见，海南省公民的科学文化水平还有很大的提升空间。其次，问卷中题目的设置以及问题的回答过程也能反映出公民的素质水平。比如，问卷中有一题涉及社会主义核心价值观，大部分的受调查者都未能正确选出答案，有一半的受调查者没有听过社会主义核心价值观这一提法，这一现象，明显表明海南省有些地区对社会主义核心价值观的宣传力度不够，与习近平总书记提出的"要利用各种时机和场合，形成有利于培育和弘扬社会主义核心价值观的生活情景和社会氛围，使核心价值观的影响像空气一样无所不在、无时不有"要求还有很大的差距。再次，在涉及与政府相关措施或办事态度、效率等方面问题时，大部分的受调查者都是一种旁观者的心态，作为主人翁的意识淡薄。这也是道德素质建设需要着重关注的一点。

除了从问卷调查中发现一些问题，从实际的走访和真实的体会和感受中，也能察觉一些问题。首先，摩的的泛滥，使得交通秩序有点乱，特别是在东方和澄迈两个地方，逆行的摩的随处可见，过马路是件惊心动魄的事，好在海南人生活节奏较慢，所以车速相比内陆要慢一些，使得交通状况问题不是太大。其次，从整体上来说，海南省这几个城市路边的垃圾桶太少，其实，从某种意义上来说，垃圾桶的数量也能反映一个城市文明程度的高低，这点应该算是可以短时间得以解决的问题。

从这些问题中，大致可以反映出海南省公民道德素质所存在的问题，从而找到具体的原因，简单来说，主要有以下几方面：

首先，就社会主义核心价值观问题而言，海南省公民的"无知"很大程度上与政府的宣传力度有关，与我曾经待过的城市南昌相比，海南的这几个城市宣传力度远远不够，在南昌，真的是处处可见社会主义核心价值观的内容，形式多样化，有横幅，有具体门店前LED屏的显示，有广告牌的标注，公共场所大字幕的循环滚动以及广播等形式，而且每两处这种标语的间隔都很短，一眼望去，社会主义核心价值观真的无处不在。而在海南对社会主义核心价值观在公共场所的宣传并不常见，可见，政府在这方面的重视度不够，总体来说也反映出对公民道德教育重视不够。使得社会、学校、家庭教育尚未形成有机结合和良好互补，政府未能很好履行对公民道德教育的责任。近几年来，海南省着力发展国际旅游岛行业，以使经济快速增长，对公民道德素质培养这方面的工作投入的人力、物力极其有限，没有把道德建设和经济增长紧密结合起来。

其次,海南省公民在道德方面自我教育、自我提升的意识淡薄,这当然与海南省的经济发展状况密不可分。经济基础决定上层建筑,国际旅游岛的建设,没能使经济迅速发展起来,却使得物价迅速飞涨,海南岛成了全国有名的物价高、工资低的省份,这使得海南省的公民在物质不充裕的情况下难以自觉考虑思想道德层面的提升,因此道德素质的建设依旧任重道远。

为此,海南省公民道德素质建设至少也需要着重两方面的发展,首先,政府要发挥好宏观调控的作用,在促进海南省国际旅游岛建设的同时,关注民生,合理调控物价,促进经济的健康、均衡发展。以人为本,保障人民生活水平的共同提高,使得公民在物质有保障的情况下自觉关注道德水平的提高。其次,政府要提高对公民道德水平建设的重视度,从外部对公民的道德建设给予引导和支持,加强宣传教育、提升公民的政治意识、强化公民的主人翁意识,给予人力物力的支持,促使海南形成高道德高素质的社会氛围,进一步促进海南省的整体的发展。

当然,以上对海南省公民道德素质问题的看法,只是本人在调研过程中,针对儋州、东方、澄迈三个城市以及在海口生活一年的感想,由于没有全面考察海南省各个地方的具体情况,所以对问题的看法不可避免会有些片面化、不确定性。

随笔之八　建设美丽海南岛　关键在于海南人民群众
符春玲

自从1988年海南建省和办经济特区以来,海南经济发展得到国家的大力支持,各方面得到很好地发展,尤其是海南的旅游业,它经过二十多年的曲折发展,如今已经成为海南省最大的支柱产业,它在推动海南经济发展、文化繁荣、社会进步、生态文明中起着非常重要的作用。但是，也随之而来很多负面和消极的影响，给当地的社会、环境带来很大的压力和困境。因此，建设美丽海南岛，需要提升海南公民的道德素质，是提高海南国际旅游岛的影响力重要因素之一。因此，激发海南人民群众积极参与美丽海南岛的建设，是当前建设美丽国际旅游岛的重要任务。

自从 2010 年党中央国务院把海南国际旅游岛建设上升为国家战略以来，海南省始终坚持发展为了人民、发展依靠人民、发展成果由人民共享的执政理念，引导、动员、扶持当地人民积极参与到海南国际旅游岛的建设中去，发挥他们参与美丽海南岛建设的主观能动性和创造力，为建成美丽海南岛提供良好的群众基础。然而，现实存在的主要问题是海南人民群众参与意识不强，参与的深度和广度不够，公民的道德素质没有跟上海南社会的发展等，都会阻碍到美丽海南岛的建设，使得全面推进海南人民群众积极参与海南建设任重而道远。因此，要加强对海南人民的道德教育，使得他们意识到他们是海南建设发展的主人，从而充分发挥海南人民的主人翁精神，使得他们更加积极投身到海南建设的各项事业中来，共同描绘出美丽海南岛的优美画卷。

在海南建设发展的过程中，首先，要深刻认识到提高海南公民道德素质在海南国际旅游岛建设中的重要地位。因此，结合党的群众路线教育的实践活动，密切联系海南人民群众，在全省上下形成海南人民全方面地参与美丽海南岛的建设的共识。并且要不断摸索创新海南人民参与建设美丽海南岛的模式，提高海南人民群众对建设海南岛的参与度，让海南人民在国际旅游岛建设中履行自己的应有职责。其次，政府要加大力度进行道德教育培训，充分提高海南公民道德素质，从而使海南人民真正参与到社会管理和服务中去，提高本地群众的现代旅游意识和文明程度，形成人人都是海南的主人、人人都是导员和服务员的意识，增强海南本地人民的亲和力，不断优化海南旅游的环境，从而提高海南国际旅游岛的影响力，为海南旅游发展吸引更多的游客，从根本上提升海南国际旅游岛的整体层次和水平。

总的来说，美丽海南岛的建设，需要加强公民道德素质教育，以提高海南公民的道德素质水平，使得他们真正意识到他们是建设美丽海南岛的主人，才能激发他们对海南建设的积极性和创造性，为打造属于海南美丽天堂奉献出自身的伟大之力。

随笔之九　东线调研随笔
李洋

于海南求学的第三年，犹记得下飞机的一瞬间扑面而来的潮热气息，由此根植在我心里几年光景的便是这南国萦绕的暑气。而当天乘坐的出租车，被行李塞得满满的，驶出机场时已近黄昏，夕阳下椰林丛生，空气里氤氲着海水的味道。我满心欢喜，对未来的憧憬，对生活的希冀。

剧情并没有那么完美，司机师傅驶出机场不久，未经我们一家三口同意就擅自让一个路人坐上了车。试着与司机进行沟通，但碍于对方说着一口流利的海南话，遂放弃。三年后的现在，当我参与海南省公民素质调研课题的时候，对海南的公民素质便就要从交通和文化教育谈起。

我们负责的东线，要经过文昌、琼海、三亚、陵水四个城市。然而这四个地方只有三亚的出租车是可以提供打表计价服务的。其他三个地方动车站出租车的起步价从25元到30元不等。在我们纠结是否要走出动车站寻找合理收费的出租车时，这些司机竟然对我们说如此收费是当地政府默许的规定。我们第一反应是惊诧，然后就感叹这样的风土人情，这样的服务要如何将海南岛建设成为国际旅游岛？来当地旅行的人，首先被出租车坑一笔，第一印象就已经是消极的了，那么往后要给游客提供多好的服务才能逆袭首因效应带来的影响呢？我想答案一定是很好很好的服务。然而海南岛的后续工作却也没有预想的那么完善。

第一站文昌。在师姐师兄带领下，我们首先去当地的移动公司发放问卷。移动公司的经理和员工很热情，也很配合，知道我们调查内容是海南省公民素质，他们的经理还提出希望能从我们这里得到一些关于对员工进行道德教育的资料。而且一些国企单位也会组织员工去特定的路上打扫卫生。这种在生活工作中潜移默化的素质教育，相对于硬生生的课堂教学反而来得更加实用。可以看到，文昌地区的马路上是很干净的，少有随地乱扔垃圾的现象。

然而这里喝下午茶的中年男士们，却并没有那么友好。在老爸茶店里，处处可见脱了鞋的男士，有的甚至把脚放在座位上，在我们表明来意之后，他们也纷纷推托不做问卷，理由是不识字或者眼睛不好看不清楚字。我有个挺大的疑问，不识字要怎么点菜单呢？我们感觉这只是对方并不想填写问卷而随意扯的理由罢了。而这种现象在其他几个地方也有发生。

接下来是第二站琼海。让我印象最深刻的是在儿童活动中心工作的一个职员，这个女生二十几岁，在我说明来意后，她很积极地填写问卷，邀请我坐下，我记得她写了很久，每道题都仔细琢磨，而且还给我们的问卷提了几个建议。琼海总体上是高中生和青年人很支持，而大部分中年人基本不配合。理由就是不识字、看不懂。然而我们在路边遇到的几位乘凉的长者，年近花甲，却耐心地帮我们完成了问卷。这就形成了一个强烈的对比。我想原因就不再是文化教育出了问题，而是对社会问题的参与度不高，不关心，冷漠。

第三站来到了美丽的崖城三亚市。三亚的海与阳光，椰林与沙滩，自然不需要我过多地夸赞，但是三亚却有一项让国人诟病的事情。这里的海鲜加工，几乎是来尝试过第一海鲜市场的人都会抱怨海鲜不贵，加工费却是天价。然而经营海鲜加工店的老板却往往是外省人。我们在反思这样一个问题：海南外流的是人才，而引进的却是对这片热土的掠夺者而非建设者。

我采访了一位1997级海南大学的老学长，他给我的回答是，三亚出现此类现象无非是内陆人坑骗内陆人。

我想解决此类问题的手段还是"开民智、兴民主"吧。加强科学文化教育和素质教育，让人们对于是非有辨别，对于自律有认识。然后才能有参与国家大事的智慧，才能更好地把握公民的权利和义务。

最后一站是黎族聚居地陵水。陵水和三亚有一个很大的相似处，路上、商场、影院等非旅游区的地方人都很少。一年前来陵水是对这里的三所小学基础设施进行调研，发现其中一所小学的操场旁边是一条深沟，然而并没有围栏。

为什么不能把资金用于学生的安全保障，却要拿去建造无人光顾的商场？舍本逐末。但是我又被这里浓浓的淳朴的民风感染着。与三亚相比，陵水是一块未经雕琢的璞玉。黄发垂髫，人与人之间是真正的情谊。在发放问卷的路上看到几辆从利民路到解放路的免费公车，我觉得如果资金支持的话，这是一项值得推崇的项目。试想一下，在炎炎烈日下走累了，在出租车很少的情况下，这样一种便利的交通方式却是让人心中泛起丝丝甜意。

没有在陵水留宿，我们当晚回到了学校。但是在陵水动车站发生了一件让各位成员都大跌眼镜的事情。海南蚊虫太多，所以需要花露水。我们从海口一路带来的花露水，在安全地经过了文昌、琼海、三亚动车站之后，竟然在陵水车站被扣下了，说我们带了违禁的危险物品。动车组地勤人员态度很恶劣，我们讲明情况后，准备放弃陪伴我们四五天的花露水，对方竟然还不依不饶的一定要给我们演示一下花露水有多么的"危险"。一个怀孕的地勤人员用打火机点燃了花露水……还对我们说"这种把戏我玩得多了"这样的话。事后我们确实听到他们几个地勤人员在说，这是他们每天要求的工作量，一定要扣留，才可以完成"每日工作量"。

至此，我对陵水美好的回忆被慢慢抹去了。现在还记得那几个动车地勤人员讽刺我们的语言和不屑一顾的语气。这大概也是一种"素质"不足吧。希望这种有毁海南形象的现象可以被杜绝，而不是减少。

这次的调研让我受益匪浅。走出校园走向社会，在实践中更新旧的认识。海南再也不是我记忆里陌生的那个岛屿,而我一直要追求的未来、憧憬的美好生活也在三年的学习生活中与这片椰林,这片热土紧密相连。我生活在这里,一草一木,一沙一海都融合了我的热情。海南省公民素质的提高,也是我们当代大学生所要关心和关注的重要问题,是我们义不容辞的责任。

随笔之十　帮助他人可能就是帮助自己
郭蔚然

考完试后的假期,我有幸参加学院组织的暑期社会实践活动。我认为这将是一个成长自我、学习到更多知识技能的好机会。

在这次调研活动中,我的最大感受就是人们对于这个社会实践中必不可少的、占了大部分位置的调查问卷没有我想象中那么排斥。从我以前的经历来看,我接触到的人对于这种需要花费时间的、与自己的生活没有太多明显联系的事情的态度是较为冷漠的。他们大多数人忙于自己的事情,不愿意花费自己的部分时间来参与这些事情,所以他们都是拒绝的态度。我认为人们对传单的态度就可以说明一二。在这样的情况下,调查活动是很难进行的,因为它需要参与者在填写问卷的时候保持着一个认真的态度,这样我们的调查活动才具有较高的有效性。所以在此次调查活动开始之前,我担心自己没有办法说服他人帮助我们完成调查问卷。

然而,在这次的社会实践过程中,我却欣喜地发现,大部分的人都是乐意帮助我们完成调查问卷的。我们调查活动的第一站是在屯昌。由于是第一站,所以在第一天的上午,我没有很快进入状态,同时我与我的搭档选择了一条比较冷清的街,开店的人们忙于自己的事业,特别是在将近中午的时候,他们无暇分身,拒绝了帮助我们填写调查问卷。在完成了几份调查问卷后,我与我的搭档回到了我们休息的地方。不得不承认,在上午之后,在与其他小组的成果对比之后,我是有点泄气的。我不禁反问自己，真的没有办法高效地完成这次任务吗？然而在下午开始进行调查活动后，我发现事情并没有想象之中那么难。下午我们小组与李老师一起行动，李老师在理发店里对店面的老板进行了访谈，在访谈的过程中，我们了解到在附近的农村有执法不公的事件发生，于是我们一行三人前往了新安村进行了实地访谈。这是我第一次参与访谈记录活动，从老师对被访问者提出的问题中我学习到，访谈可以从日常生活中的问题入手，从而深入进行探讨。

　　第二天我们的社会实践活动是在琼中进行的。在琼中，我的个人观点发生了很大的改变。在琼中进行调查的那天上午，我与我的搭档选择琼中的汽车站作为我们进行调查问卷活动的第一站。在车站里，我很惊喜地发现，乘客们很乐意为我们填写调查问卷。在填写调查问卷的时候，他们一边填写问卷上的问题，一边提出自己对这个问题的看法。

　　我突然想到在屯昌的调查之行中，李老师曾对我们说过，他们帮助了我们也是帮助了他们自己。因为我们的调查是对当下社会的一种认识，从而提出其中的不足，让这个社会变得更好，发展得更好。所以他们帮助了我们，其实也相当于帮助了他们自己。

　　我们最后一站社会实践活动是在我们的海口进行的。社会实践调查地点选择在了友谊广场。小组分头行动后，我和我的搭档选择在商场内进行调查，但是在进行发放问卷的时候却受到了阻拦。商场内的工作人员告诉我们，现在是他们的上班时间，因此商场内的工作人员不能够帮助我们填写调查问卷。我们在表示了不会打扰他们上班后，才在商场内对顾客发放了调查问卷。商场内客流量并不大，我们在半天的时间内完成了大部分的问卷。商场内的顾客大多都乐于帮助我们完成调查问卷，将自己的观点呈现在问卷上。在商场之外，我们还去了附近的革命纪念馆，将问卷发放给了里面的工作人员及几位游客。

　　在发放问卷的过程中，我们还遇见了其他学院的进行社会实践调研的老师以及同学，我们对那位老师进行了访谈，提出我们的问题，老师也做了相应的回答。

三天的社会实践活动在我们的努力之中结束了。

我想到，曾经我接到过一个显示来自北京的电话，调查者对我进行了长达半个小时的问题调查，对方一个个问，我一个个答。当时我其实是有些后悔的：为什么要浪费这么多时间？如果我拒绝对方的问题调查，说不定我早早的就已经回到宿舍了。然而在社会实践活动结束后，我才醒悟到，如果当时我没有帮助对方完成调查问卷的填写，那么以后的我会不会也遇到这样的情况？如果这个调查者被我拒绝后，他一定会产生低落的情绪，那么以后的我肯定也会遇到这样的情况，也会为这样的情况神伤。换位思考一下，我发现，花费自己的一些时间去帮助别人完成一个自己力所能及的事情，并不是什么困难的事情，同时我们自己也会收获良多。

以前看到过一段话，它的大概意思是：如果你在别人不幸时选择离开，那么在你不幸的时候，可能就不会有人帮你。同样的道理，我们在日常生活中，应该在自己的能力范围之内，去帮助别人，大到性命攸关，小到随手接过他人递来的传单，这些举动不仅能够影响他人，也能够影响自己。

在我们的调查问卷中，有这样一个问题：你认为"人性本善"还是"人性本恶"？我观察到大多数人都选择的是"人性本善"。是的，我们都相信每一个人最初都是心怀善意的，而当别人向我们求助的时候，我们选择帮助他们，那么这份善意就不会被恶意伤害，人与人之间的信任也不会减少。

帮助别人，其实也相当于帮助自己。帮助了别人，因为说不定以后哪天就是帮助了自己。

随笔之十一　暑期社会实践调查随笔
罗康俊

考虑了很久，随笔应该要写些什么，事实上，几天的调研下来，收获颇多，但是却不成体系，所以只能简单谈一下自己的收获和一些看法了。

关于问卷设计

这次调研，经历了许多同学反反复复的准备和策划，付出了许多劳动，力求尽善尽美，但是，计划永远赶不上变化，在实践操作中，还是暴露出一些问题：首先，从问卷设计上来说，尽管历经几次改动和多人的预先试填，还是有不完美的地方，比如试题的用语太过于官方化和书面化，这固然有固定的格式和要求，但是，问卷是否可以更加通俗一点，力求大多数人能看懂，这无疑对我们的问卷设计提出了更高的要求。其次，问卷设计得过于密集，字体过小，对于一些上了年纪的受访对象来说过于吃力了，而且，也造成了一些题目被掩盖住了，导致漏填和错填。最后，我想说的是，在之前的对问卷的试做之中，我们都觉得问卷很简单，可是，在发放问卷的过程中，我们才发现，对于我们来说"很简单"的题目，对于好多人来说似乎有些困难，因为他们缺乏相应的知识背景。所以这给我们的启示是，以后试做问卷，不仅要给学生做，更要给所面向的人群做，不能仅仅局限于学校之内。

关于调研经验

每次的调研都是不断学习，积累经验和技巧，特别是这次出去调研，通过老师的言传身教，使我们更多地掌握了一些技巧。首先，在挑选调查对象上，正在工作的一般比较难以成功接触，但是，遇到与你有眼神交流，或者盯着你的，这样的一般比较好接触，说明他们比较在意，还有就是，遇到一群在闲聊的，这样的一般比较好接触。一来，他们有空闲时间，二来，他们谈性正浓，比较好沟通，等等。其次，在沟通交流时，先要表明自己的身份和要干的事，尽量简单明了，遇到犹犹豫豫的，要尽量打消他们的顾虑，访谈过程中，切记不能对着问卷来念，要善于转化语言，尽量通俗易懂。最后，一定要有礼貌的结束，切忌问完就走，匆匆忙忙等。

关于调研中的实际问题

调研的过程，就是实践的过程，遇到的问题，都是生活中的实际问题，只有在这些问题中，才能以小见大，解决一些实际问题，第一，关于小朋友说中国没自由的问题，这是在屯昌遇到的，可能这只是一个小朋友的一句话，他不见得真正懂这是什么意思，但是值得注意的是，一个小朋友都能在电视上接触到这种言论，给他造成这种错误印象，很难想象这对于许多普通成年人的巨大错误印象是怎样的。谎言重复一千遍，它也会成为真的，当小朋友都在重复这句话时，到最后，中国下一代人可能就真的认为中国"没有自由"了！如何应对西方文明自由，民主思想的渗透，我们需要更多的话语权。第二，在琼中采访一位农业局工作人员时，他以他的亲身经历告诉了我们这样一个现实情况：农民追求实际利益，而缺少长远计划，以琼中对农民的科学技术普及来说，很少有人主动参加。即使参加技术普及教育，政府拿钱奖励，以弥补耽误的农时和来回交通费，也只是拿钱走人，不愿意参加普及。实话实说，这与我们的常识相悖，都说科学技术是第一生产力，人们应该更乐于提高技术水平，提高效益，但是，琼中的农民却并不是太愿意，更乐于保持现状。在我看来，这可能是多方面原因造成的，一方面，世世代代的习惯，并不容易改变，不太容易接受新东西，而且改变的风险太大。另一方面，基层的农业技术普及，的确存在问题，水平不高，专业性差，理论化严重，这些都严重影响了农业技术的更新换代。所以说，这件事给我最大的启示就是，任何事情都不是想当然的，纸上得来终觉浅，绝知此事要躬行！

随笔之十二　海南公民道德素质发展研究随笔

苏德玉

在调研过程中，令我印象最深的事情之一就是打车。从我们去的第一个调研地点——文昌开始，打车一直是令我们比较头疼的一件事情。在调研之前，开支预算已经完成，打车的费用也已经有了初步的一个支出范围。可是，计划赶不上变化，我们去的四个地点中，动车站的出租车往往是不打表的，出租车司机直截了当地说出一个价钱，乘客觉得在承受范围之内就可以上车。如果乘客对这个价格觉得不满意，出租车司机也不会跟你讲价，一口价爱走不走，完全没有回转的余地。并且不仅是一辆出租车有这种情况，那一片的出租车司机好像事先商量过一样，抑或是他们的一种"潜规则"，这让我感觉就是属于更隐蔽的"强买强卖"。再加上动车站附近没有其他的交通方式可供选择，这对于初来乍到的人们来说，无异于是一种避无可避的麻烦。

不得不追溯一下这种情况出现的原因，初步总结出以下几种原因。

（1）普遍存在的交通方式的单一，交通的不发达。公交线路分布的不合理、不全面，动车站附近不可避免地成为公交线路的一个盲区，出租车"理所当然"地成为出行的必然选择。

（2）监管部门监管力度不够，让出租车司机钻了空子。监管部门由于种种原因无法做到事无巨细地对出租车行业进行监管，甚至是三天打鱼两天晒网，更有睁一只眼闭一只眼的情况，自觉或不自觉地为出租车行业大开"方便之门"。

（3）政策法规不健全，出租车司机的部分利益受到侵占，从而导致的乘客弥补司机利益损失。不同地方的司机每天有着大小不同的任务量，以任务量为基础，多于任务量，司机收益，少于任务量，司机亏损。任务量以金钱的形式附加在乘客身上，造成乘客利益的"无形"消耗。

（4）部分出租车司机缺乏必需的职业道德。不按规定打表，漫天要价，作为服务大众的服务人员，缺乏必要的服务意识，信奉"功利主义"，置人民群众的切身利益于不顾，一味追求个人利益的最大化。

（5）部分出租车司机的"短视"，忽视出租车行业的长久与可持续发展。海南是旅游大省，出租车行业的收入大部分来自于游客，部分出租车司机往往怀着游客不能来第二次的心理，想狠狠赚上一笔，大多数情况下做的是"一锤子买卖"，完全没有做"回头客"生意的想法。

（6）"滴滴打车"以及"优步"等网络打车行业的冲击。随着网络技术的进一步发展，打车软件层出不穷，"招手即停"的打车方式越来越与人们的生活脱节，在无形当中消耗着人们的时间，网络叫车"大行其道"，较为"原始"的出租车司机不得不从"其他"方面赚取利润。

（7）乘客的"忍气吞声"，"强龙压不过地头蛇"心理。有着较为狭隘的"地方保护主义"，出租车司机通过口音分辨当地人与外地人，对外地人有明显的"宰客"行为。外地人考虑到来此地的时间有限，一生当中来的次数有限，外加投诉等争取权益的方式太过浪费时间，往往默默忍受出租车司机的不合理收费行为。

"打车难""打车贵"的问题得不到解决，对海南省的整体发展将产生巨大的影响，影响到海南省的方方面面。

（1）出行方式的单一化，交通系统的不健全不仅给城市的发展带来严重的阻碍，而且给人们的出行带来诸多的不便之处，导致人们的幸福感指数处于较低水平。

（2）破坏海南在游客心目中的形象，乃至打碎"度假天堂"的"金字招牌"。连最基本的交通设施都不完善，出行的质量与效率得不到良好的保证，何求更高层次的享受？

（3）破坏海南人民在游客心目中的形象，给游客留下"唯利是图"等的反面形象。见微知著，游客接触最多的人群之一就是出租车司机，出租车司机行为在很大程度上影响了游客对海南的印象。

（4）对"原始"打车方式的灾难性破坏。"招手即停"的出租车司机不再打表，游客不得不倾向于网络叫车，出租车司机的这种"为渊驱鱼"的做法实属不智。

（5）助长社会不良风气，影响海南省的经济与社会的进一步发展。

我国的全面深化改革已经进入"深水区"，处于攻坚克难的关键阶段。海南省亦处于这样的关键时期。打造地标性建筑与重点县市不再是海南省的重中之重，全面统筹、全面优化，促进海南省整体的发展，尤其是贫困的县市和交通就显得尤为重要。在海南享受的不仅是美好的自然风光，不仅是著名的旅游景点，过程的享受亦显得同等重要，而交通即为"过程"。

解决好海南省的出租车问题，有以下建议。

（1）完善交通网络，合理规划交通线路，统筹优化，多种交通方式的交叉融合。海南省的部分县市的道路规划还存在着各种各样的问题，重新规划原有线路刻不容缓。逐步实现公交路线、出租车路线以及动车路线的交叉互补，实为解决出租车问题的良好手段。

（2）完善地方立法，加强行业监管，务必做到有法可依、有法必依、执法必严、违法必究。

（3）开拓新型便捷投诉渠道，方便人民大众对出租车行业的监督，切实维护好人民群众的利益。

（4）大力加强"社会主义核心价值观"意识教育，增强出租车司机的社会公德与职业道德。人是经济社会发展过程中最为重要的因素，人的发展与社会的发展密切相关。

（5）推动"传统"出租车行业与现代网络技术的结合，增强"传统"出租车行业的竞争力，从而促进其良性发展。

（6）完善保险，保护出租车司机的合法利益，增强出租车司机对出租车行业的信心，解决司机们的后顾之忧。

随笔之十三　与人为善——主动为善
薛梅

　　暑期调研中遇见了很多让人印象深刻的人和事，但只有"与人为善"这四个字反反复复地在我脑海中打转，挥之不去。

　　这四个字是一位军人写在问卷上的，看到这个答案的时候，我心中一震。问卷发放已接近尾声，这道题人们勾画的答案许许多多，却没有哪一个人勾选"其他"这个答案，并且认真地写下自己的看法。我敬佩这份对社会的关注，敬佩这份认真的态度，更敬佩这份心中的善良。

　　我们总是期望他人能做到"与人为善"，当然也正因为我们总是期待他人而从不期待自己，所以现在绝大多数人仍将自己利益放在第一位，虽有"与人为善"的举动，但却是偶尔为之。并且，大家普遍都是"被动"为善而不是"主动"为善。善的定义是像羊一样说话。像羊一样说话，才不会吵架、打架，才会有进一步产生合作的可能。随着社会的发展进步，如今我们对善有了更多的定义——要对人包容、温和，要尽自己之能去帮助他人，不做损人利己之事等。按照这个标准来说，很多人都是善良的，但若是要求更高一点，将"善"定义为主动帮助他人，恐怕很多人都还没有达到及格线。

　　2015 年在三亚旅游的时候偶遇暴雨，四个人被困在郊区的马路旁一个多小时，左右都拦不到车，心里无奈、焦急，诸多纷杂情绪一齐涌来，和暴雨一起将我们四人浇了个透心凉。这时候，有一辆蓝色小轿车路过，因为之前经历了太多次的失败，所以我们甚至都没有招手，就将目光投向了另外一边。没想到的是，轿车在我们前面两米处停了下来，然后缓缓后退，司机师傅问我们是不是要回市区，可以载我们一段。因为害怕被"宰"，我们就急急地问要多少钱，没想到坐副驾驶上的哥哥一笑，"要你们钱干吗，免费的，做好事啦！"上车后我们和司机聊天，才知道司机大哥这么做已经不是第一次，本着"与人为善"的原则，已经免费搭载过很多人。我们心里特别感动，执意要付车费给司机大哥，但他们始终不肯收。最后他们告诉我们，以后遇见别人有什么难事，主动问一问，能帮一把就帮一把，这就算是车费了。听后我们没有多余的话语，只有重重的一声"嗯"表示我们的承诺，我们会那样做的，我们会将善意传递下去！回酒店后我们一直在谈论这件事，反反复复地说我们以后一定要主动帮助别人，而不是等他人向我们求助的时候才伸以援手。

在这之后，我们的确改变了很多，我本算是一个热心肠的女生，以前只要在我能力范围内，一般都会答应别人的求助，但也并不会主动去问他人是否需要帮助。回到学校后，我会在暴雨天和陌生人同撑一把伞；看见他人焦急神情时会上前问一句是否有什么难事，是否需要帮助；乘坐电梯时会等待还未进电梯的同学而不是急急地关上电梯门……我知道自己在改变，也希望小小的一个我可以稍稍激起一点波澜，如那位好心的司机大哥一样，让"与人为善"这个词走得更远一点。

如另一位访谈对象所说："世上还是好人多，要相信这一点。"为了让这个社会更温暖一点，善行更多一点，主动为善吧。

随笔之十四　暑期社会实践调研随笔

张睿波

作为一名在校大学生，经常听到身边有人说：社会上的人素质低、公民道德水平低下。幸而人在海南大学三年，这次暑假的社会调研给了我更深的感受。

所谓公民道德素质，看似是公民个体的行为、道德等综合素质的对外表现，但是从另一角度，人与社会是不断互动的，当社会反馈给个体的一切满是不公与压迫时，所谓公民道德的基础就已经乌有。提高公民道德素质,首要的是保证个体作为公民的权利。试想,一个被抢光了钱的人,如何能够自觉交税呢?

管子云:"仓廪实而知礼节,衣食足而知荣辱。"公民道德也是这样,无非是"衣食荣辱"的事,转换到现在就是"公民权利与公民道德"的问题。

我们一般不习惯于将权利和道德联系在一起,讲到道德就等于讲到了义务,虽然这种义务更多地以自觉的形式主动地履行的,但是权利与道德本来就是双向互动、辩证统一的。我们可以设想一下:一个没有权利的人,比如奴隶,他奉献给别人他所有的一切,他的奉献可以称之为道德吗?当然不,因为他是被剥夺的,因此他的奉献是没有道德价值的。今天我们的社会充斥着圆滑、世故、明哲保身,随时准备委屈自己去讨人喜欢的人,因为这个人在某种程度上,掌握着自己想要得到的利益!甚至于掌握着自己的命运。我们太多的人习惯于为讨他人喜欢而将内心的愿望忽略不计,本该享有的权利随时准备放弃,在这种条件下,我们做出的道德行为有几分是真实的?如果不是出于心甘情愿而尽的义务,我们可以将它称之为道德吗?正如马克思所说:"道德的基础是人类精神的自律。"道德必须具备主体性特征,也就是说只有当道德成为一个人的需要并自由选择付诸实践时,这个人才称得上是有道德的人,由这样的人组成的社会才是真正的道德社会。

当前海南省一直在努力地建设着国际旅游岛,海口市也在积极实现"双创",这一切都离不开公民道德的建设,但是这种公民道德建设不应该是以政绩为目的的强制,更应尊重公民自身的权利。公民道德建设的目标不是让人成为遵守道德的木偶,无条件地服从道德规范的奴隶,而是要让每一个都成为自由、独立、幸福,具有良知和正义感的丰富的生命体。同样,社会主义公民道德建设,也不是愚民道德建设,而是为了人的完善和发展而确立。所以我们的公民道德建设必须关注和重视人的价值和尊严。

当前在公民权利意识上存在两个层面问题:一个是群体对于权利

的不正确认识，在社会中相当多的人权利意识淡薄，处于对公民权利的无知和无能的状态，把自己的命运寄托在某一权威和领袖身上，相对应的是社会中还有相当多掌握一定权力的人权利意识膨胀，只看到了自己的权利和自由，完全无视其他人的权利，为了实现自己的利益通过权力去侵犯他人的权利被视为理所当然。二是个体对于权利的认识不全面，一方面意识不到自己享有的正当权益，当正当权益受到侵害时不能自觉或明知权利受到侵害时却不积极抗争，不能把自己看作平等权利的主体，自觉或不自觉地放弃或出卖自己的权利；另一方面，基于利益受损的补偿心理，在一切可能的条件下追逐非正当权利的行使，漠视他人的权利或践踏他人的权利。这两种权利上的认识问题都无疑会导致公民非道德的行为的增加。前者，权利得不到保障的公民群体只能使不具备公共权力的大多数群体普遍地产生抗拒心理，否认当前道德观、道德体系，从而导致道德难以有效地引导人们的行为。对于后者，当自己应该要求而又为社会条件所确认的正当权益不能通过正当途径实现时，他必然通过非正当途径，比如出卖自己的某些权利谋取另一些权利或者践踏他人的权利来实现自己的权利，同时为自己的不道德行为找到合理的借口。

当公共权力执行者在向群体要求公民道德的时候，群体的人民在向"公器私用者"们要求自己的权利；当群众维护自己的公民权利时"公器私用者"却说：你们不讲公民道德。这是一个看起来可笑却难以解开的结。只有不断地培养公民权利意识，通过完善监督机制等保障性制度才能解开这看似可笑实则可怕的结。

附录 1

海南公民文明素质状况调查问卷（2011）

您好：

本次调查主要用来从事科学研究，目的是全面提升全省公民的文明素质，塑造"讲文明、重礼仪、诚信友爱、热情好客"的良好形象，形成与"国际化程度高、生态环境优美、文化魅力独特、社会文化祥和"的现代旅游标准相适应的国际旅游岛人文环境。本问卷采用匿名形式，为被调查者保守秘密。谢谢！

海南大学"海南公民文明素质提升服务团"

调查时间：2011 年　月　日　地点：_____　问卷编号：

1. 您的性别：A. 男　　　　B. 女
2. 您的年龄：
  A. 18 岁以下　　B. 18—29 岁　　C. 30—39 岁
  D. 40—49 岁　　E. 50—59 岁　　F. 60 岁以上
3. 您现在居住在：
  A. 城市　B. 小城镇（乡镇）　　C. 农村
4. 您是海南（户籍）居民吗：
  A. 是　B. 不是
5. 您的婚姻状况是：
  A. 已婚　B. 未婚　C. 离异
  D. 丧偶　E. 再婚
6. 您的文化程度：
  A. 小学及以下　B. 初中　C. 高中、职高、中专

D. 本科、大专　　E. 硕士及以上

7. 您的职业：

A. 党政机关人员　　　B. 教师　　　C. 军人

D. 学生　　　　　　　E. 个体户　　F. 工人

G. 农民　　　　　　　H. 其他职业人员

8. 您的政治面貌是：

A. 中共党员　　B. 共青团员　　C. 其他党派人士　　D. 无党派人士

9. 您个人的月收入：

A. 0—630 元　　　B. 631—2078 元　　　C. 2079—3000 元

D. 3000—4000 元　E. 4000 元—5000 元　F. 5000 元以上

10. 请您对海南公民文明素质做一个总体的评价：

A. 非常满意　　B. 比较满意　　C. 一般

D. 不太满意　　E. 很不满意

11. 您对海南建设国际旅游岛持什么态度？

A. 很支持　　　B. 一般　　　　C. 不支持　　　D. 无所谓

12. 您对海南建设国际旅游岛有信心吗？

A. 很有信心　　B. 一般　　　　C. 没信心

13. 您愿意参与到国际旅游岛建设中来吗？

A. 很愿意　　　B. 不愿意　　　C. 说不清

14. 请您对当前海南公民道德的几个方面做出评价（请在您认可的选项中打"√"）：

	很好	比较好	一般	比较差	很差	说不清
社会公德						
职业道德						
家庭美德						
个人品德						
网络道德						

15. 您认为当前社会道德问题产生的主要原因是（选择您认为最重要的两项）：

  A. 经济生活变动的冲击　　B. 社会环境的影响

  C. 西方思想观念的影响　　D. 道德教育的乏力

  E. 制度、法规不健全　　　F. 领导干部不率先垂范

  G. 人们普遍不重视个人修养

16. 您认为当前海南公民的诚实守信的状况：

  A 非常好　B. 比较好　C. 一般　D. 不太好　E. 很不好

17. 当您买到假冒伪劣商品蒙受损失时，您会怎么办：

  A. 找商店负责人理论　　　B. 诉诸法律，捍卫自身利益

  C. 视情况而定，损失小就算了　　D. 自认倒霉　　E. 其他

18. 在大街上您想丢垃圾，但垃圾桶距您有 50 米远，您会：

  A. 随手扔掉　　　　　B. 趁别人不注意扔掉

  C. 走 50 米扔到垃圾桶里或放在袋里一会儿再扔到垃圾桶里

  D. 其他

19. 当外地游客遇到困难需要帮助时，您会：

  A. 积极主动提供全力帮助　B. 若求助于我，会给予力所能及的帮助

  C. 想帮助，但无能为力　　D. 装作没看见走开　　E. 其他

20. 在您身体疲劳的情况下，您认为是否还应该为老弱病残孕主动让座：

  A. 一定会让座　　　B. 多数情况下会让座

  C. 很少会让座　　　D. 绝对不会

21. 在您步行或者骑自行车上公路时，您在遵守红绿灯等交通规则方面做得如何：

  A. 绝对遵守　　　B. 经常遵守　　　C. 视情况而定

  D. 有时遵守　　　E. 从不遵守

22. 您认为在当今社会中，多数人遵循的原则是：

  A. 克己奉公，为他人着想　　B. 我为人人，人人为我

  C. 先考虑自己，再为他人　　D. 为个人利益而努力

23. 当您遇到有人遭抢劫等危险情况时，您会怎么办：

A. 上前阻止　　　B. 装没看见躲开

C. 先看看周围人怎么做，再做决定

D. 设法报警　　　E. 心有余而力不足，没办法

24. 在生育观念上，您认为生男生女哪个好：

A. 生男孩好　　　B. 生女孩好　　　C. 男女都一样

25. 您是否了解或参与过道德模范人物评选：

A. 是　　　B. 否

26. 您认为评选道德模范人物活动有必要吗？

A. 有必要　　　B. 没必要　　　C. 说不清

27. 您认为道德模范人物对人们的积极影响作用有多大？

A. 很大　B. 比较大　C. 一般　D. 比较小　E. 没有　F. 说不清

28. 俗话说"远亲不如近邻"，你认同这句话吗？

A. 认同　　　B. 不认同　　　C. 说不清

29. 如果您与邻里间发生矛盾，您一般会采取怎样的方式解决呢？

A. 主动调和　　　　　　　B. 互不理睬，顺其自然

C. 争吵两句就适可而止　　　D. 武力解决

30. 您认为周围的共产党员的道德水平比一般群众高吗？

A. 是比一般群众高　　　　B. 和一般群众没差别

C. 不如一般群众高　　　　D. 说不清

31. "某银行员工为了保护国家钱款，与持刀歹徒英勇搏斗而受伤"，您是如何看待这种行为的：

A. 很崇高，我也会这样做

B. 很钦佩，但是我不能肯定做到

C. 很崇高，但我不愿意这样做

D. 不值得这样做，生命价值高于一切　　　E. 说不清

32. 当您看到有人乱扔垃圾或吐痰、公众场合大声喧哗、聚众围观凑热闹、说脏话粗话等行为的时候，您会怎么处理：

A. 上前劝说或制止　　　　　B. 只要自己不做就行，不管他人

C. 习以为常，大家都这样　　D. 说不清

33. 您认为人们对待工作时，经常表现为下面哪项：

A. 忠于职守，爱岗敬业　　　B. 完成分内工作

C. 敷衍了事，得过且过　　　D. 只为挣钱，不管其他

E. 其他

34. 在您的工作中，您认为哪个方面最重要：

A. 爱岗敬业　　B. 诚实守信　　C. 办事公道　　D. 服务群众

E. 奉献社会　　F. 有钱有权

35. 对于算命、求签、拜神、星座预测等做法和现象，您相信吗？

A. 非常相信　　B. 比较相信　　C. 半信半疑　　D. 大多不信

E. 绝对不信

36. 您能做到下列哪些行为（可多选）：

A. 使用环保袋　　　　B. 使用节能电器　　　C. 垃圾分类

D. 公众场合不吸烟　　E. 公众场合不喧哗

F. 即使无人看守，仍然主动遵守交通规则　　G. 以上均做不到

37. 您在车站排队，有人在您的前面插队，您会：

A. 无所谓　　B. 气愤，但敢怒不敢言　　C. 提示按秩序排队

D. 大声斥责其不文明行为　　E. 告诉车站工作人员，由其处理

F. 支持，有机会我也会这样做　　G. 其他

38. "知识改变命运"这句名言您赞同吗？

A. 非常赞同　　B. 比较赞同　　C. 不太赞同　　D. 不赞同

39. 您有没有参加过慈善捐款、无偿献血、志愿者服务等公益活动：

A. 有　　B. 没有

40. 您认为社会上为慈善捐款的人的捐款动机是：

A. 善心，助人为乐　　　　　B. 沽名钓誉，好出风头

C. 寻求心理平衡，要面子　　D. 跟风从众心理

E. 出于社会责任意识　　　　F. 单位组织，不得不捐款，非自愿

41. 如果发生了法律纠纷，您认为采取哪些措施能够维护自己的

权益：

  A. 通过各种关系疏通 B. 全权委托律师处理

  C. 学习法律知识，提高诉讼能力 D. 找对方私了

  E. 到有关部门上访 F. 其他

42. 您平时怎么打发闲暇时间（可多选，请将选择的前三项排序）：

  A. 看书或报纸 B. 看电视 C. 听广播 D. 喝茶

  E. 打牌、麻将等 F. 买彩票 G. 逛街购物 H. 上网

  I. 和人聊天 J. 其他

43. 您在看书、看报、看电视等时，下面哪方面内容您更感兴趣（可多选，请将选择的前三项排序）：

  A. 时事政治 B. 娱乐类节目 C. 科普知识

  D. 时尚类 E. 社会新闻 F. 法律常识

  G. 理财投资 H. 文化艺术类 I. 其他

44. 您认为海南想要塑造良好的人文环境，欠缺的是哪几方面（可多选）？

  A. 提高公民文明素质 B. 发展海南特色文化

  C. 加强社会动员和志愿服务工作

  D. 提高交通、旅游等窗口行业服务质量和态度

  E. 加强城市社区建设

  F. 在农村开展移风易俗，宣传科学文化、卫生知识等

  G. 制定实施强制性规范，加大对不文明行为的处罚力度

  H. 其他

45. 您知道社区居民自治或村民自治吗？

  A. 知道 B. 不知道

46. 您愿意参与社区居委会、村民委员会等组织的居民自治或村民自治活动吗？

  A. 愿意参与 B. 不愿意参与 C. 说不清

47. 您对当前党和政府惩治腐败有没有信心？

A. 很有信心　B. 较有信心　C. 一般　D. 缺乏信心　D. 没信心

48. 您信任周围的人吗？

A. 很信任　B. 较信任　C. 一般　D. 不太信任　E. 很不信任

49. 你是否遇到过网上不文明现象（如谩骂、恐吓、欺诈）？

A. 没有　　B. 偶尔　　C. 时常

50. 你对网上不文明现象如何看待？

A. 无所谓　B. 当时有点生气　C. 很气愤　D. 认为应该严惩

51. 请选出您认为在旅游过程中不文明的行为（可多选，请将选择的前三项排序）：

A. 随地吐痰、乱扔垃圾　　　　B. 车辆乱停乱放

C. 污言秽语、打架斗殴　　　　D. 毁坏公共设施、乱涂乱画

E. 在公共场所大声喧哗　　　　F. 践踏草坪、乱采花草

G. 在非吸烟区吸烟，打喷嚏不掩口鼻　　H. 插队、逃票

I. 其他（请注明）＿＿＿＿

52. 您认为发生不文明行为的游客多吗？

A. 绝大多数人　　B. 多数人　　C. 一半人

D. 少数人　　　　E. 极个别人

53. 看到别人有不文明行为时，您会怎么办？

A. 不关我的事，无所谓　　　　B. 很厌恶，出面制止

C. 很厌恶，但不想出面制止　　D. 习以为常

54. 如果您是游客，您认为下列哪种文明旅游宣传教育方式最容易让您接受（可多选）：

A. 各种广告及其他媒体科学地结合宣传文明旅游

B. 向游客分发宣传教育文明旅游的手册

C. 在行车途中，让游客看旅游素质宣传教育的宣传片

D. 政府的强制规定文明旅游教育

附录 2

海南省公民道德素质调查问卷（2016）

时间：　　　地点：　　　问卷编号：

尊敬的先生/女士：

您好，本次调查主要用来从事科学研究。本调查为无记名调查，所做调查仅用于问题的统计和分析，希望您能根据实际情况回答，非常感谢您的合作与支持！

1. 您的性别：

A. 男　　B. 女

2. 您的年龄：

A. 18岁以下　　B. 18—29岁　　C. 30—39岁

D. 40—49岁　　E. 50—59岁　　F. 60岁以上

3. 您的婚姻状况是：

A. 已婚　　B. 未婚　　C. 离异

4. 您的户籍状况是：

A. 海南户口居民　　B. 外地户籍，在海南工作或生活一年以上

C. 外地户籍，在海南工作或生活一年以下　　D. 外籍人士

5. 您现在居住在：

A. 城市　　B. 农村

6. 您的受教育程度是：

A. 不识字或识字很少　　B. 小学　　C. 初中

D. 高中、职高、中专　　E. 大专　　F. 本科　　G. 研究生

7. 您的职业：

A. 党政机关人员　　B. 教师　　C. 军人　　D. 学生

E. 个体户　　　　　F. 工人　　G. 农民

H. 其他职业人员（请注明）_____

8. 您的政治面貌是：

A. 中共党员　　　　　B. 共青团员

C. 其他党派人士　　　D. 无党派人士

9. 您个人的月收入：

A. 500 元以下　　　B. 500—1000 元　　　C. 1001—2000 元

D. 2001—3000 元　　E. 3001—4000 元　　F. 4001—5000 元

G. 5001—8000 元　　H. 8000 元以上

10. 您认为当前海南公民道德素质状况是：A. 很好　B. 比较好

C. 一般　　D. 较差　　E. 很差

11. 您认为社会公德最重要的内容是：A. 在公共场所遵守秩序

B. 为他人提供方便　　C. 不影响他人　　D. 讲究公共卫生

E. 爱护公物　　　　　F. 其他_____

12. 遇到有人遭抢劫，您会怎么办？

A. 挺身而出　　B. 先看周围人怎么做再做决定

C. 报警　　　　D. 多一事不如少一事，不管

13. 您认为市民对待诸如公用电话、健身器材等公共设施的态度是：

A. 很爱护　　B. 比较爱护　　C. 不太爱护

D. 很不爱护　　E. 不清楚

14. 如果个人利益与集体利益发生冲突时，您认为应该怎么办？

A. 无条件服从集体利益

B. 先考虑集体利益再考虑个人利益

C. 先考虑个人利益再考虑集体利益

D. 不管如何，先考虑个人利益　　E. 说不清

15. 您认为在有关家庭的道德中，最重要的一点是什么？

A. 关心爱护后代　　B. 夫妻和睦　　C. 尊重长辈

D. 邻里和睦　　　　E. 其他_____

16. 您认为家庭对孩子道德品质的形成有影响吗？

A. 非常大　　B. 比较大　　C. 一般　　D. 比较小　　E. 很小

17. 下面有关"孝"的内容，您认为最重要的是哪一项？

A. 关心父母生活　　　　B. 用自己的成功回报父母的养育之恩

C. 传宗接代，延续香火　D. 完全服从父母的意见

E. 与父母生活在一起或尽可能住得近一些

F. 按自己的意见行事，但不与父母当面顶撞

18. 有人说："人的本性是善良的"，您同意这种看法吗？

A. 非常同意　　　B. 比较同意　　　C. 中立

D. 比较不同意　　E. 非常不同意

19. 您认为周围的人对待工作，经常有以下哪种表现？

A. 忠于职守，爱岗敬业　　B. 完成分内工作

C. 敷衍了事，得过且过　　D. 只为挣钱，不为其他

E. 其他_____

20. 您认为开展职业道德教育对提高工作者的职业道德水平有帮助吗？

A. 有很大帮助　　B. 有一定帮助　　C. 没有帮助

21. 您认为当前网民的网络道德素质怎么样？

A. 很好　　B. 比较好　　C. 一般　　D. 比较差　　E. 很差

22. 您注意使用网络文明用语吗？

A. 非常注意　　B. 偶尔注意　　C. 从不注意　　D. 从不上网

23. 您认为网络带给人们的影响是：

A. 积极影响　　B. 消极影响　　C. 没有影响

24. 下列词语当中哪些属于"社会主义核心价值观"（多选）？

A. 善良、勇敢、民主、自由　　B. 富强、民主、文明、和谐

C. 诚实、友善、自信、宽容　　D. 自由、平等、公正、法治

E. 自信、自立、自尊、自强　　F. 爱国、敬业、诚信、友善

25. 您是否认同"社会主义核心价值观"的24字？

A. 很认同　　B. 比较认同　　C. 一般

D. 不太认同　　E. 很不认同

26. 您周围有道德模范人物吗？

   A. 有很多　　B. 有一些　　C. 比较少　　D. 没有

27. 您认为道德模范人物的社会影响力是：

   A. 很大　B. 比较大　C. 一般　D. 比较小　E. 几乎没有

28. 您对目前海南以下情况满意程度如何（每项单选，请在空格处打"√"）

	很满意	满意	一般	不太满意	不满意	说不清
政府的办事态度						
政府的办事效率						
自然环境						
市场诚信度						
社会风气						
人际关系						

29. 您认为海南公民道德问题产生的主要原因是（可多选）：

   A. 经济生活变动的冲击　　B. 社会环境的影响

   C. 西方思想观念的影响　　D. 道德教育乏力

   E. 制度、法规不健全　　　F. 领导干部没有带头

   G. 不重视个人修养　　　　I. 其他_____

30. 您认为海南公民道德素质在哪些方面有待提升（可多选）：

   A. 思想道德素质　　B. 科学文化素质

   C. 民主法律素质　　D. 其他_____

31. 您觉得在提高公民道德素质方面，哪种方式最有效？

   A. 道德舆论　　B. 法律规范　　C. 宣传教育

   D. 个人修养　　E. 其他_____

32. 您认为下列哪种公民道德素质宣传教育方式容易接受（可多选）：

   A. 公益广告宣传　　　　　　B. 分发宣传手册

   C. 公共场合播放素质教育片　D. 专家宣讲

   E. 单位或学校培训　　　　　F. 其他_____